时间效率
管理专家

张萌

著

人生效率手册

重塑
升级版

湖南文艺出版社
HUNAN LITERATURE AND ART PUBLISHING HOUSE

博集天卷
CS-BOOKY

图书在版编目（CIP）数据

人生效率手册：重塑升级版 / 张萌著 . — 长沙：湖南文艺出版社，2019.5（2022.1 重印）
ISBN 978-7-5404-9085-0

Ⅰ.①人… Ⅱ.①张… Ⅲ.①成功心理—通俗读物 Ⅳ.①B848.4-49

中国版本图书馆 CIP 数据核字（2019）第 033056 号

上架建议：畅销·成功励志

RENSHENG XIAOLÜ SHOUCE：CHONGSU SHENGJI BAN
人生效率手册：重塑升级版

作　　者：张　萌
出 版 人：曾赛丰
责任编辑：薛　健　刘诗哲
监　　制：蔡明菲　邢越超
策划编辑：李彩萍　李　娜
特约编辑：李乐娟
营销支持：李　帅　傅婷婷　文刀刀
封面设计：利　锐　林果果
版式设计：利　锐
内文排版：北京大汉方圆数字文化传媒有限公司
出版发行：湖南文艺出版社
　　　　　（长沙市雨花区东二环一段 508 号　邮编：410014）
网　　址：www.hnwy.net
印　　刷：长沙鸿发印务实业有限公司
经　　销：新华书店
开　　本：880mm×1270mm　1/32
字　　数：257 千字
印　　张：10
版　　次：2019 年 5 月第 1 版
印　　次：2022 年 1 月第 6 次印刷
书　　号：ISBN 978-7-5404-9085-0
定　　价：45.00 元

若有质量问题，请致电质量监督电话：010-59096394
团购电话：010-59320018

序
为什么人和人会慢慢拉开差距？

经常会听到身边的一些年轻人抱怨自己的人生不如意，运气不佳。和别人同时进入公司，却只能眼睁睁地看着别人一步步高升，而自己只能领着微薄的薪水，做着令人头痛的繁重工作，仰望着别人，止步不前。

为什么会出现这样的情况？人和人之间的差距又是怎样一步步慢慢拉开的？

在2015年全球青年大会上，苹果公司副总裁戈峻老师讲的一件小事，让我至今难忘。他说自己每个周六早上醒来的第一件事就是认真地写周报，20多年来，从未间断。要知道20多年前，他只是一名刚毕业的大学生，一位初入职场的英特尔公司小职员。为什么他年纪轻轻，就能一直坚持这个好习惯，并且一坚持就是20多年？为什么我们就不知道这样做，或者说明明知道需要这样做却做不到？

还是在全球青年大会上，一位导师让我印象深刻，他就是朱永新。朱永新是民进中央的副主席，也是新教育的提出者。他说，每天早上4点半到5点，他就起床读书写作，这一习惯已经坚持了40年。

朱永新 40 年前还只是一位 20 岁左右的青年，也就是说，早起读书写作，是他从上大学时就已经开始坚持的习惯。究竟是什么让他拥有强大的毅力去持之以恒地做一件事？

我们都知道，做一件事情，坚持一天很容易，可是坚持一个月呢？坚持一年？10 年？40 年？其中的难度，难以想象。那么究竟是怎样一种神奇的力量，支撑着他不懈地坚持，一直坚持到现在？

知易行难，一个人如果能够数十年如一日地践行一种良好的学习和生活习惯，必然是因为在内心深处有着一个十分坚定的人生目标和具体的实施计划。无论是戈峻老师，还是朱永新老师，他们都在朝着自己的目标坚定地努力着。在这一点上，他们是成功的，是值得我们敬佩的，更是和其他人不同的。

当今社会，很多人都在倡导成功学，例如我曾听说的成功学课程就有："10 分钟让你学会演讲""几堂课可以财富自由""30 分钟考过托福 100 分"等。也许这些课程所传达的成功学有几分道理，但我们现在最需要做的是，弄清楚几个事物本源的概念，而不是人云亦云，完全按照别人的模板去行动。不应看到成功人士如何去做，我们就跟着他们的脚步去走，却忽视了自己本身的情况。

成功没有模板，只有想明白这些，才能开始前行。否则我们虽然看起来很忙很充实，实际上却碌碌无为，都是在瞎忙，只是生活在自己想象的世界里。在那一方狭小的天地里，根本不知道自己到底在忙什么，在追求什么。

看到这里，有的朋友心中会产生疑问：这些道理都懂，可究竟应该怎么做呢？怎么做才既正确又有效率呢？别急，接着往下看。

在我创业的这 6 年时间里，每年我都会和上百位导师进行深度的沟通和探讨,从中我深刻地了解到,他们之所以可以成为 500 强CEO(首席执行官)、知名 Boss(老板),甚至国家元首,运气只是其中很小的一个因素,它的影响微乎其微,最重要的是他们年轻时就掌握了通向成功大门的密码。然而并不是每个人都能在人生早期发现这个密码。事实上,即使他们在年少时期就知道这个密码,也未必能够参透其中的奥秘,因为这需要有高超的悟性。

现实情况是,大部分人都很迷茫,根本不知道自己一生究竟想要成为什么样的人,要做出怎样的事业、构建怎样的人生。好像一切都得按照"本应该的样子"而活,墨守成规,不求突破,到了一定的年龄就要按部就班工作、买房、结婚、生子、养老,最后死亡。有人将这千篇一律的人生轨迹叫作自然规律。可是自然规律并不等于人云亦云,更不是要求我们只能按所谓的"规律",毫无生气地去生活。

自然规律只是人们从物质固有的、本质的、稳定的联系中总结出来的规律,并不代表人人都要如此、人人都需要遵守自然规律生活下去。有些所谓的"规律"是可以打破的,那些弃之不顾的人就变成了大家眼中的"成功人士",而那些墨守成规的人,自然变成了大多数的平凡人。

我们之所以最后成为大多数的平凡人,没有创造出理想中的一番天地,就是因为我们并没有领悟人生的奥秘,未能及早觉醒,并在想明白之后发愤图强。通常来说,绝大多数的人会在四五十岁开始悔恨,悔恨自己在年轻时没有想清楚,或者在想明白后没有立即付诸行动。甚至还有一些人,一生都处于糊涂懵懂的状态,他们也就谈不上想没想明白,更谈不上努力奋斗了。如果你身边有这个年龄段的人，你可以问问他们，或者虽然你还没到这个年龄，也可以尽早问自己以下几个问题：

1. 你对自己的前半生满意吗？

2. 你在年轻时有遗憾吗？

3. 如果你还年轻，你最想做点什么？

4. 你觉得你跟马云、比尔·盖茨、扎克伯格的差距在哪里？

同样的四个问题，同样是 40 多岁，如果你分别去问庸庸碌碌的人和杰出的领导者，你会得到截然不同的答案。庸碌的人多会惋惜过去和埋怨运气不好，而杰出者则更多的是感到自豪和反思人生以及继续奋斗。

这也是为什么，人和人之间会慢慢拉开差距。

我身边的一位朋友，不到 30 岁，却已经是一家中等规模公司的 CEO，在很多人还拿着简历在北上广深四处寻找工作四处碰壁的时候，他已经坐在 CBD（中央商务区）的高级写字楼里，俯瞰整个繁华中心的景色，坐在会议室里面试一位位西装革履的面试者。同样不到 30 岁，为什么他已经成为 CEO？是因为运气？因为背景？都不是，他来自农村，毫无背景，若说运气更是不怎么样，高考前夕吃坏了肚子，考研的时候又重感冒，错失自己最想去的学校，最想学的专业。就在他考研落榜后，他躺在宿舍的床上，突然明白了自己想要为之终生奋斗的事业，并且立即开始行动。在坚定的目标的支撑下，他经过多年的努力和不放弃，才达到今天的高度，才有现在的成就。

只有把自己的人生目标先明确出来，精准定位自己的目标和未来走向，才能从茫然的人生状态中解脱出来，才能真正通过切切实实的行动去实现自我价值。就像行驶在马路上的汽车，只有明确自己要走的方向，才是有效的；就像在茫茫大海中航行的轮船，只有在导航和灯塔的帮助下才不会迷失方向。所以在努力之前，你最应该明确自己的目标，不然一切都是无用功。

那么，你究竟是要做一个庸庸碌碌、毫不起眼的庸俗之辈，还是要做一个人人钦佩、显赫荣耀的成功者？我相信无论是谁来回答这个问题，他肯定都是毫不犹豫地选择后者。

既然如此，那么我现在就要恭喜你。因为当你翻开这本书的时候，你就已经获得了比其他人更有可能提前迈入成功者大门的机会，在别人还在迷茫的时候，你就已经头脑无比清晰，目标无比明确。

对我有所了解的人都知道，我有一个"1000天小树林计划"，以及"坚持每天5点早起17年"的课程，在这些课程里，我更多的是给大家提供一些"干货"。刚开始听时，可能会挑战你原有的认识，让你对自己产生新的认知，重新认识自己，甚至你会在一段时间里否定自己的过去，但只要你能坚强地度过这段时间，就能重塑自己的人生，重塑全新的你，在未来的某一天，你每天的努力都能扎扎实实地被看见。而这些看得见的努力将会带给你成就感和自信心，它们将督促着你不断地前进，不断地努力，朝着你的目标和方向，每天踏实地前行。

在本书中，我会将理论体系与实践相结合，用大量真实而具体的案例以及一些方法论、表格工具等为大家进行生动而形象的讲解，让大家更好地理解，并且愿意立即行动起来。我相信，这本书将帮助你重新认识自己，唤醒你身体以及内心的种种可能性，让你对自己之前的人生产生颠覆性的认识，使你在未来的人生中换一种活法，帮助你少走很多弯路，促使你摆脱平庸，充满激情。让你在通往目标与梦想的路上，策马扬鞭，一帆风顺。

当你还在感慨毕业多年，曾经的学渣变成了 CEO，曾经的调皮小子转身当上了老板，曾经相貌平平的小姑娘华丽转身变成了让他人仰望的女神，当你还在感慨人与人之间的差距怎么那么大时，身边与你一样有此感慨的人，已经通过合适的方法和有效的行动开始大踏步向前了，通过他们自身的努力，他们也将成为人生的逆袭者。

只要你有梦想，只要你愿意为你的梦想付出行动，只要你能将这些行动一直坚定地执行下去，那么我的这本书以及下班加油站（未来企业领军者的互联网大学）就是你人生的第二所大学，帮助你在通往成功的路上少走弯路，顺利抵达。

目　录

人效率手册
生

重塑
升级版

CHAPTER **6**　第六章 **自我管理的体系**　297

生
人 率
效 手
册

重塑
升级版

01
一生的目标如何建立

自我剖析

●给自己打分

2018年已经过去了，回顾过去的这一年，有的人会感慨时间过得真快，感觉什么都还没有做就又过去了一年，自己又老了一岁；有的人却露出了满意的笑容，觉得在过去的日子里收获满满，每一分钟都有收获。

如果满分是 5 分，那么问问你的内心，在过去的这大半年时间里，你对自己的个人满意指数是多少分呢？有的人可能觉得，自己无功无过，过得平平淡淡，3 分就好；有的人认为，自己没有任何的收获，所以只能得到一个 0 分；也有的人觉得自己过得非常精彩，足以打满分。

对过去的一年做自我总结，这是一件非常重要且非常有必要的事情。如果你还没有做自我总结的习惯，那么请你现在就拿起纸，为过去这一年的自己做一份自我总结；如果你已经做了一份，那么请你再看着这份自我总结，反问自己，是不是以旁观者的身份在客观地看待过去的自己？因为，通常当一个人以自己的主观身份去看待自己的时候，都会高看自己 30%，所以我们要像一面镜子一样，以客观的角度去看待自己，得出的自我评估分数才是最准确的。

不论分数是多少，都请大家记住这个数字，如果你已经在使用《赢·效率手册》，我建议你将这个分数写到笔记本的第一页。

在多年的教育培训实践中，我结识了很多的学员朋友，通过对他们的"年度自我评估分数"的调研，我发现，你得到的分数，与你的努力有着密不可分的联系。也就是说，我们越努力，对自己就越满意。

我曾经说：努力＋正确的方法＝成功。现在，我要把这个公式变得更加具体，那就是：**持续的努力＋正确的方法＝走向成功**。

那么，得到高分的人，是如何让自己的每一天都过得如此充实的？得了低分的人，是因为怎样的错误和疏忽，才让自己一整年都过得碌碌无为的？我十分愿意将自己在多年教育培训工作中得出的答案分享给各位读者，帮助大家更好地认识自己，发现自身的不足，解决人生中的问题。

但大家一定要记住，我只是一个分享者和引领者，真正能够解决你们自身问题的人，将是你们自己，也只能是你们自己。

唯有自助者，方能得天助。

●职场五类人

到 2019 年，我为青年人提供职场教育培训已第六年，通过大量的案例观察和分析，我将青年人大致分为以下五类：

第一类——毫无目标型。这类人完全没有人生目标，每一天都活得浑浑噩噩，每一天都如行尸走肉一般，完全不知道自己为了什么而活，仿佛在这个世界上有他们也无所谓，没他们也没关系。

第二类——随波逐流型。这类人知道人生应该有目标，但他们没有主见，盲目听信别人的看法，人云亦云。别人告诉他们应该做什么，他们就去做什么，他们看到别人都在做什么，他们就会去做什么。

第三类——目标不明确型。这类人的心目中，大致有一个人生目标，但是这个目标十分模糊，或是太过宏大，以致他们往往埋头苦干了半天，却没有任何起色，甚至和目标背道而驰，久而久之，他们的人生也跟那个有如风筝的目标一样，缥缈不定。

第四类——有目标没规划型。这是常见的一类人，他们通常有着明确的人生目标，却没有清晰的人生道路规划，他们和他们的人生目标，就像两座漂泊在汪洋大海上的孤岛，只能遥遥相望，却无法相遇。

第五类——有目标有规划型。这类人很少见，却非常有代表性，他们一般都拥有明确的人生目标，同时又有着清晰的道路规划，每一次人生选择都是为了让自己更接近目标，而且能通过踏踏实实的努力不断向目标前进。

在做自我剖析的时候，我们不妨扪心自问，自己属于这五类人中的哪一类呢？

法国著名思想家蒙田说过这样一句话：灵魂如果没有确定的目标，就会丧失自己。

人生目标，就像是蕴藏在地层深处的甘泉，实践人生目标的过程就像挖井，你只有坚持打同一口井，才能日复一日、年复一年地把井打得越来越深，直到甘甜的泉水喷涌而出。如果你今天在这个地方打几米，明天又跑去那个地方打几米，将永远没有采掘到深层地下泉水的机会。

● 判断自己是否有人生目标

只要在日常生活中细心观察，我们很容易就能区分出有人生目标的人与没人生目标的人。具体的判断方法有以下几种：

是否主动构建自己的人脉圈。有目标的人是不会轻易参加聚会的，他们会主动构建自己的朋友圈，而不是被构建，他们有清晰的人际交往选择。而没有人生目标的人往往随叫随到，别人一叫他们去参加聚会，他们就去了，他们并不清楚自己为什么要社交，就是感觉好玩，或者有空，于是就去了，将自己的大量时间消耗在无效社交中。

是否能坚持早起。有目标的人一般都起得特别早，他们就像是一个电动小马达，每天拼命地学习与工作，并且总能高度集中精力，把全部力量聚集在一个点上，特别深入。没有目标的人压根就不会早起，就算被迫起来一次，他们也不知道要干些什么，刷刷朋友圈、回回信息、翻几页书，或干脆回到床上睡回笼觉了，这样的早起肯定是无法持之以恒的。

是否吝惜时间。有目标的人，往往十分吝惜自己的时间，他们对时间使用得特别仔细，好像他们做什么事情都是为了争分夺秒地实现自己的梦想，在他们的世界中，拒绝别人不会是一件很困难的事情，因为他们清楚地知道自己要什么、不要什么。没有目标的人往往时间充足，他们这个聚会去参加，那个聚会也去参加，他们就像"好好先生"，很少对别人说"不"，凡是能花时间去解决的事情，他们绝对不动脑子。

是否喜欢跟风。有目标的人，不会因为所谓的"流行"而轻易改变自己的计划，在他们的世界里，只有"符合目标"和"不符合目标"这两个选项。没有目标的人，经常因为外界的喜好去改变自己，他们今天学习这个技能，明天学习那个技能，别人喜欢的他们就喜欢，别人倡导的他们就去跟随，将大把的时间花费在各种风马牛不相及的事情上。

是否能够区分精学和泛学。有目标的人能够清晰地划分出什么是精学、什么是泛学，前者令他们始终行走在通往目标的道路上，后者则令他们踏出的每一步都更加坚实，他们合理分配时间，用最精华的时间去深入钻研精学，用闲暇和碎片时间去泛学。没有目标的人，压根就不会主动去学习，就算是学习，也只是走马观花，浅尝辄止，他们追求的是新鲜感，不愿意花费更多的时间和精力去深入学习。

是否有使命感和节奏感。有目标的人生而具有使命感，甚至可以预知未来，对人生的每一步都能稳健规划，并按照计划执行，一步一个脚印，人生充满节奏感。但没有目标的人，肯定对未来茫然无知，人生对他们来说，就像是一场赌博，能不能成功，全靠运气。

如何找到人生目标

● 七个人物法

通过自我剖析，我们知道了人生目标的重要性。

但是，正确地为自己构建一个人生目标，却并不是一件容易的事情。有些人压根不知道该如何建立目标；有些人构建了错误的、根本不适合自己的目标，走了很多弯路，白白浪费了大好的青春年华。

其实，**人生目标的构建并不复杂，而且有非常简单易操作的方法可循**。只是，要提炼出这套方法，需要花费很长的时间和很多的精力，进行大量的调研和分析，这非常不容易，但这正是我的工作，也是我个人的一个人生小目标。

下面，我就将自己经过大量的实践和验证，总结出的准确构建人生目标的方法，分享给大家，我把它称为"七个人物法"。

● 硬本领

在介绍"七个人物法"之前，我要先给大家介绍一个与之相辅相成的词——硬本领。

所谓硬本领，指的就是，当别人跟你竞争的时候，能够令你立于不败之地的专业技能，它无关天赋，是完全可以靠着后天的学习和勤奋而获得的本领。

以我个人为例，演讲就是我的一项硬本领。在训练这项硬本领的时候，我要求自己做到张口即来，出口成章，随时能够参加辩论，不仅能够用中文演讲，英文演讲也要流利动人。正是因为有了这项硬本领，我才能每年完成大量的演讲，2017 年我演讲了三四百场，2018 年全年 665 场，这些演讲打造了我的个人品牌，提升了我的企业知名度，为我带来了巨大的商业机遇。

此外，每一年我都会出版一本书，2018年，我的第七本书《加速：从拖延到高效，过三倍速度人生》已经出版上市，2019年，我的第八本书《精力管理手册》也出版上市。通过这些书，我将自己的理念进一步地推广出去，收获了更多的回馈，也赢得了更高的知名度。所以，写作也是我的一项硬本领。

通过七个人物法，我能帮助大家构建出自己的人生目标，同时，也能帮大家确立帮助你实现人生目标的武器——硬本领。

硬本领，会拉近你与人生目标的距离，慢慢地让你迈上人生的加速度跑道。

●界定

我们还需要了解三个界定，以便让我们更清晰地了解"七个人物法"：

第一，我讲的七个人物法，既可以用来定义阶段性目标，也可以用来定义整个人生目标。

第二，七个人物法，不是定义人生目标的唯一方法，但确实是一个可以比较快速地帮助你去定义目标的基本方法。很多人一生下来就是有使命的，他们一般要通过漫长的岁月，才能一步一步地走向自己的目标。通常来说，需要走很多弯路才可以。但是今天介绍的方法，是一个帮助你尽可能少走弯路的方法。

第三，七个人物法入手极为简单。一般情况下，拿一张纸和一支笔，跟随我的步骤去做，很快你的内心就会变得清晰起来。不到 50 分钟，就能迅速找到你的人生目标。

接下来，我们就来讲述如何使用七个人物法，找到人生目标。

七个人物法

七个人物法的操作，一共需要五个步骤：

● 写下一个榜样的名字

现在，请闭上眼睛，让自己的脑中浮现出一个人的名字，这个人就是你梦想中要成为的那个人。

切记，这个人是你想要成为的人，而不是你的偶像。你想成为的人不一定是你的偶像，你的偶像也不一定是你想成为的人。比如你的偶像是一个演艺明星，你很崇拜他 / 她，但你不一定想成为他 / 她那样的人。另外，也不要写现实生活中不存在的人，比如卡通人物和影视人物。最好也不要写生活在古代、和当今这个世界相去甚远的人物。

如果你能过上这个人的生活，便会感觉此生无憾，那么请你将这个人的名字写在纸上。我个人的一个小提议是，尽量写跟自己同样性别的人，因为在当今这个时代，男性跟女性的发展道路和发展空间，是截然不同的。

通过我多年的调研，我发现，在这个环节，很多男生写下的人名常是马云，女生则常是杨澜。

图1：《赢·效率手册》七个人物法

《赢效率手册》核心要义
确定我要修炼的硬本领（7个人物法）

请回答以下六个问题：

1.我希望成为这个人(榜样)，他/她的名字是

_____。

2.除了这个人以外，我还希望成为其他6个人，他/她们的名字是

_____、_____、_____、_____、_____。

3.榜样1的硬本领有　　_____、_____、_____。

　　榜样2的硬本领有　　_____、_____、_____。

　　榜样3的硬本领有　　_____、_____、_____。

　　榜样4的硬本领有　　_____、_____、_____。

　　榜样5的硬本领有　　_____、_____、_____。

　　榜样6的硬本领有　　_____、_____、_____。

　　榜样7的硬本领有　　_____、_____、_____。

4.请将你列举的硬本领按照从多到少排列出来（取前3个硬本领）

_____、_____、_____。

5.请将上述三个硬本领，结合自己目前的发展阶段及实际需求，按你对该硬本领的迫切
程度重新排序（这决定了你的修炼顺序）

_____、_____、_____。

6.请再次写下，你从现在起就要修炼的硬本领是_____（这是你早起的意义）

> 2019年，《赢效率手册》对你的建议：
> **该项硬本领是你2019年要学习的第一个硬本领。**
> 如果你现在还没有熟练掌握这项技能，请将它列入到10000小时理论的学习计划中，
> 每天早起，坚持学习训练10000小时，将它练就成为你的硬本领。

Note：

1.榜样不等于偶像，是你一旦成为现在/过去的他/她，你会给人生的满意度
指数打5分（满分）。

2."7个人物法"是帮助你确定人生阶段性目标，成为真正赢家的有效方法。
它是《赢效率手册》的灵魂内核，入手极为简单，可操作性强。

3.硬本领指的是某人独特的本领，凭借这项本领，足以实现梦想。

4.学习《人生效率手册》音频版：在喜马拉雅FM，搜索"人生效率手册"；
文字版：在当当网，购买《人生效率手册》。

●写下六个榜样的名字

写下了第一个人名之后，接下来，请你再用同样的方法，写出另外六个人的名字。

也许有人会问，为什么不一次性写出七个人的名字呢？道理很简单，如果一开始就让你感觉到任务有压力，你就会觉得困难，就会生出抵触心理。这个方法适用于解决人生中的大多数问题：先找到一个难点，将其攻克，再用同样的方法，攻克接下来的难点。每一次只向前迈一小步，积少方能成多。

此外，我还想强调一点，你写在纸上的这七个人物，他们的等级是不同的，他们往往被分为三个等级——高、中和低。

高等级的人物可以写两到三个，他们是你这一生都特别向往成为的人，但你也许终其一生也无法达到他们的高度。以我个人为例，我的人生梦想是创办一所中国最优秀的私立大学，它能够跟职场直接接轨，那么，我写下的高等级人物，基本都是世界著名大学的创校校长、基金会理事长以及著名捐资人。

中等级的人物也可以写两到三个，他们是我们用五到十年的时间就可以超过的人，但请记住，你要超过的是现在的他，而不是未来的他，因为他也会成长。

低等级的人物最好写一到两个，他们是你用一年的时间就能超过的人，他们往往是你身边的人，跟你同属一家公司，或是同属一个行业。

当然了，我所说的"超过"，并不是指通过打击报复的方式，让对方向你低头，而是要在你的内心设立一个可以量化的标尺。比如，你想超越的人是张萌，那么你该怎么确定自己超过我了呢？很简单，你可以将这个"超越"的标尺定为"个人品牌知名度"或"微博的粉丝量"，只要你通过努力，让自己的微博粉丝数量超过我，你就算是超越了我。

如果你是学生，你的标尺可以是"考试分数"；如果你是职场人，你的标尺就可以是"薪资数字"。

如何找到这些"人名"呢？在多年的教育工作中，我发现人们往往最难找到高等级的人，中等级和低等级的人反而比较容易找。而他们找到的高等级人物，往往就是马云这种如雷贯耳的明星级人物，并且，他们也几乎不去对这些明星级人物的履历进行调研和分析，这就是典型的知其然而不知其所以然。

针对这种情况，我干脆在我的工作团队中设立了一个小组，叫"七个人物法小组"，他们每天的工作就是阅读名人传记，然后写出每一位成功者提升硬本领的方式，我们给每一位成功人士都写出两三千字的人物硬本领小传，我把它们叫作《立德人物》，现在已经写了两百多篇。如果你现在想不出自己的七个人物，不妨去读一读《立德人物》，在充分了解了这些成功者的成功之路后，如果你依然对他／她有兴趣，那么就可以自己去对这个人进行进一步的调研和搜索，最终将他／她的名字写到你的七个人物名单里。

● 写出榜样的硬本领

写好了属于自己的七个人物，我们接下来要做的，就是总结和归纳他们的硬本领。

硬本领不等于价值观，价值观是指你心中觉得正确的事，它经常受到原生家庭和后天经历的影响。比如我个人的价值观，就是知行合一，在我们公司的进门处，有一块牌子，上面就写着"知行合一"四个字。这是我身为一名教育机构创始人的价值理念。除此之外，我个人的价值理念还有，"士不可以不弘毅，任重而道远"。我希望通过这样的价值理念，让我身边的人都知道，梦想可以支撑我们走很远，我们永远都要砥砺梦想，坚定前行，包容他人，以让他人活得舒服为我们的教育理念。但以上这些都不是硬本领，它们无法通过修炼而得到。

硬本领是你的"撒手锏"，一旦秀出来，就能让你获得赢的局面。比如知识和技能，比如写作、演讲、个人品牌、时间管理、自律精神、拥有社会资本和强大的人脉，这些都是硬本领。比如杨澜，她的沟通能力和她的外语，都属于她的硬本领。

把你写下的七个人物的硬本领都写到纸上，每个人物需要写三个硬本领，也就是用三个硬本领去定义一个人。以马云先生为例，其实每个人对马云先生的观点和看法都是不一样的，七个人物法本身就是一种非常主观的方法，它也是一种自我提升的方法，我们无须去听太多别人的意见，只需要忠实于自己内心的声音。有人认为马云先生的商业思维是他成功的关键，还有人认为马云先生如果没有出色的英语，也不会有中国黄页，还有人觉得他是天才，把你认为马云先生最重要的三个硬本领写下来即可。

还有杨澜女士，她是一位杰出的女性引领者，她的硬本领有什么呢？她跟马云一样，也是优秀的演讲高手，她也是北京外国语大学毕业的高材生，能说一口流利的英语，她能代表北京在奥委会上发言。除此之外，身为一名女性，她的外貌和气质算不算硬本领呢？当然是，我们可能先天的外貌条件并不是十分出色，但我们可以通过后天的努力，在服装搭配、形象气质和身材塑造方面做出自我提升。

七个人物，每个人写下三个硬本领，一共是 21 个硬本领。当你将这 21 个硬本领写到白纸上后，你会发现这 21 项硬本领中有很多都是相同的，你会发现杨澜、马云和俞敏洪，他们的英语都很好，演讲能力也都很强。

你需要把这些相同的、重复的硬本领标注出来，并统计它们出现的频率，最后按照它们出现的次数，由多到少进行排列，**排在最前面的三项，**

就是你要达到自己的人生目标所需要的三项硬本领。

●自我匹配法

现在，你已经有了三项硬本领需要去提升，但你不可能在同一时段内完成三件重要的事情，毕竟你要集中力量办大事。所以，首先你需要对自己进行解析，比如，你现在是学生还是职场人士？你现在所学或者在单位所做的事情，是不是跟这三个要构建的硬本领具有相关性？如果有，那你可以先构建你正在学或正在做的那个硬本领。如果没有的话，也没有关系，你只要按照自己的兴趣以及对它的喜爱程度，一一进行学习修炼就好。

●确定你要修炼的硬本领

现在，你写在纸上的三项硬本领，它就是你今年的目标。

一般情况下，你要先确立自己今年要修炼的硬本领，也就是你今年的首要任务。人在制定年度目标的时候，千万不要把目标定得太多，只定两项足矣：第一项是重要紧急的目标，比如职场人的升职加薪，学生的考出好成绩，它对你来说既重要又紧急；第二项是重要而不紧急的目标，它往往是我们最容易忽视的目标，如果不刻意地将它们加以细化和执行，我们很有可能一生都不会去做它们，所以需要我们格外去注意。

修炼硬本领的方法也有很多，比如10000小时定律等，我会在这本书中，详细地跟大家介绍。

一生目标的建立，说难也不难，根据七个人物法，你可以快速地找到你的人生目标，并分析出自己需要提升的硬本领，接下来，只要我们付诸有效的行动，日积月累，一定就能像那些成功人士一样，实现自己的人生目标。

02
以人为师，向厉害的人学习硬本领
（七个人物法男性版）

快速学习的能力

我经常在采访的时候被问道："萌姐，你认为对于职场人，最重要的技能是什么？"

我的答案里永远都会包含这样一条，那就是快速学习的能力，包括上一节我们提到的著名人物，他们拥有的第一个共同点，就是都具有快速学习的能力。

也许很多人不知道，HR 在招聘的时候，虽然没有直接提出需要快速学习的能力这样的要求，但他们总是会在面试、问话和出题的过程中，从各个方面考验面试者是否具备这种能力。

不得不说我们生活在一个非常伟大的时代。在这个时代里，各种知识和技术都在飞速地更新迭代，如果我们没有快速学习的能力，持续保持知识的更新，就会无法跟上时代的步伐。

●快速学习代表——埃隆·马斯克

我的男神是埃隆·马斯克。有一次，埃隆·马斯克登上 TED（环球会议名称，会议的宗旨是"传播一切值得传播的创意"）演讲台的时候被问道：您是如何在差异巨大的不同行业中，都能做出傲人的成绩的？

当时的埃隆·马斯克先生先是愣了几秒钟，继而耸了耸肩回答道："我也不知道。"随即他又补充道："也许是因为我很努力吧。"

后来还有一次，马斯克在清华大学做演讲的时候，当时一位教授问他："马斯克先生，您是如何通过自学掌握尖端的物理学的呢，包括尖端的火箭技术？"马斯克先生回答说："我读书，书就在那儿，去读就可以了。"当时，在场的很多人都觉得马斯克先生的回答太过草率，认为他肯定没有说出真正的成功秘诀，但我却认为，马斯克先生所说的都是事实，一路支持他成功的就是快速的学习能力。

其实，埃隆·马斯克很小的时候就掌握了计算机 Basic 语言，他在12岁那年，就以 500 美元的价格，卖出了自己编写的一款太空游戏。14岁的马斯克，开始涉猎宗教和哲学领域，并掌握了不少意识形态方面的知识。少年时代的马斯克就曾经说过："我觉得我未来应该立志去增强人类的自我意识，因为这样才能更好地去理解问题所在。"他还认为，唯一有意义的事情，就是去为人类争取更大的集体启蒙。

马斯克在加拿大皇后大学学习两年后，拿到了奖学金，辗转到了美国宾夕法尼亚大学学习经济学，从宾夕法尼亚大学的沃顿商学院毕业，获得经济学学士学位后，又留校一年，再获得物理学学士学位。

对于学习，马斯克有着与常人不同的理解。对马斯克而言，他是这样理解的，有些科目，诸如物理和计算机等科目，他一定会尽可能地取得最好的成绩。但南非、荷兰语等科目，他却觉得完全没有学习的意义，所以类似这些科目，他往往只能勉强地考到及格线。他情愿去玩会儿计算机游戏，写会儿代码或者读会儿书，也不愿去花费更多的时间，去取得某些科目的 A 等级成绩。在马斯克看来，这种努力没有任何意义。

　　纵观马斯克的求学经历就会发现，他并没有像一个传统观念里的学生那般，专注于某个单一专业领域的研究和学习，相反地，他总是跨领域地研究和学习，使得他的知识面涵盖了物理学、工程学、能源、科技、商业和哲学等诸多领域。不仅如此，他还曾客串过七部影片，并担任其中三部电影的制作人。

　　这种跨领域跳跃式的学习，让他掌握了一种特别的学习能力——迁移式学习能力，他可以在学习时将各个领域的知识进行简化，重构为若干的基本原理，并在新的领域中加以重新构建应用。

　　了解了马斯克的学习方式，就不难理解他为何能够通过自学，无师自通，掌握多个领域的知识，并取得傲人的成绩。

●终身学习代表——股神巴菲特

　　巴菲特的合伙人查理·芒格曾经说过："如果你想获得想要的东西，那就得让自己配得上它。信任、成功和钦佩都是靠努力获得的。"是的，我们不但要拥有快速学习的能力，更要拥有终身学习的决心。而这个品质，在股神巴菲特身上表现得淋漓尽致。他一生都在致力于学习股票投资，从未懈怠，现在的他，快90岁了，仍然掌管全世界最大的投资公司之一。

　　巴菲特曾经说过，我们每个人终其一生，只需要做好一件事就足够了，而终生阅读和学习更是巴菲特坚持了一生的习惯和信仰。他每天按时早起，花费大量的时间阅读和学习，几十年如一日。关于巴菲特读书之多，曾被他的合伙人，刚才我提到过的查理·芒格这样评价：

　　我这辈子遇到过来自各行各业的聪明人，没有一个不每天阅读的，没有，一个也没有。而沃伦，也就是巴菲特，他读书之多，简直是一个长了两条腿的图书馆。

　　自巴菲特懂事起，他就开始学习和研究所有与股票投资相关的科目，他在读遍了父亲所有的藏书之后，辗转来到了哥伦比亚大学。在哥大的图书馆，他有幸遇到了著名的价值投资大师本杰明·格雷厄姆，并以自己勤奋和专注的品质打动了本杰明，成为他的学生。

也是这段求学经历，让巴菲特不但成了股票投资领域的顶尖专业人士，更是通过股票收获了巨额财富。

坚持的力量

我每年在全国各地给学生们上课，我会问大家这样一个问题：在你们过往的经历中，有什么样的事情是能够坚持 100 天以上的？这个时候很多人都会这样回答我说："嘿！萌姐，这么多年我一直坚持吃饭穿衣。"还有的人跟我说："萌姐，坚持实在是太难了！"实际上，坚持这件事说难也难，说简单也很简单。

很多著名人物都有过坚持的经历和经验，比如刚才提过的马斯克，还有百度总裁李彦宏、民进中央副主席朱永新，以及我的男神曾国藩，他们都有坚持早起的习惯。其中朱永新老师更是将早起这一项活动，坚持了 40 年之久。除此之外，马斯克每周要坚持工作 100 小时以上；苹果公司副总裁戈峻先生，每周六都会坚持写周报和总结；还有我创办的下班加油站中，很多杰出的青年导师都有坚持阅读和学习的习惯。

就拿早起这件事来说，很多人觉得早起非常痛苦，一般坚持几天，就开始给自己找借口，"我今天身体不舒服"，又或者"我情绪不佳"，然后坚持就慢慢地中断了。我们不妨仔细地思考一下，为什么我们可以一直坚持吃饭、穿衣这些事情，而无法坚持诸如早起、阅读、运动等好习惯呢？

那是因为吃饭、穿衣，已经成为我们日常生活中无意识的行为习惯，我们在做的时候并不觉得痛苦。当然，没有谁天生就是能够坚持的，包括我自己在内。马克思主义哲学体系认为，质变的发生都是以量变积累为基础。其实，只要不断地重复、耐心地完成那些简单的事情，让它形成一种无意识的行为习惯，久而久之，就自然而然地坚持下来了。

●坚持的代表——萌姐男神曾国藩

曾国藩可以说是中国最牛的历史人物之一，他被认为是"立功立德立言三不朽"。曾国藩对军中将士说过："练兵之道，必须官弁昼夜从事，乃可渐几于熟。如鸡孵卵，如炉炼丹，未可须臾稍离。"除此之外，曾国藩还一直坚持其他三个好习惯。

1. 早起。哪怕身居高位，曾国藩在军中时仍严格要求自己，做到与其他士兵将领一样，无论是什么样的天气和环境都"闻鸡起舞"，早起练兵督训，办理各项事务。

2. 每日自省：曾国藩每天都要写日记，总结反思自己在各个方面的不足之处。

3. 读书习字：他每天都坚持读史书，他曾说过：人之气质，由于天生，很难改变，唯读书则可以变其气质。此外，他还会在餐后习字半小时以上。

4. 写家书：除了言传身教之外，他还坚持以写家书的方式来训导和教育弟弟和子女。

曾国藩这种坚持的意志品格，使他无论是在科考还是在战场上，都从不放弃，即便是屡战屡败，他也一定坚持到底。在曾国藩看来，"天下古今之庸人，皆以一'惰'字致败"。言传不如身教，曾国藩就是以身作则，用他的一言一行去影响身边的人。

图2：人生效率体系

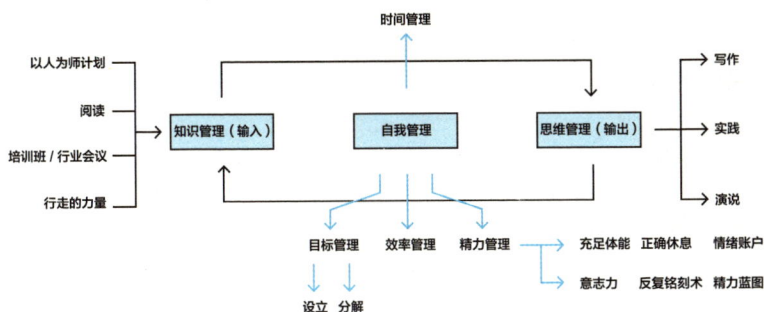

人生效率体系

通过对以上七个人物法男性版本的学习，我来总结一下人生效率体系。

人生效率体系是一个通过输入和自我管理，提高自身的知识储备和单位时间应用率，然后通过输出最终达到目标的过程。

可以理解为知识的内化能力，并通过以下三个方面来提升。

●输入

1. 阅读

2. 以人为师

3. 行业会议 / 培训班

4. 行走有力量

●知识输出

1. 写作

2. 社会实践

3. 演说

●自我管理的四大组成部分

1. 效率管理

2. 时间管理

3. 精力管理

4. 目标管理

03
以人为师，向厉害的人学习硬本领
（七个人物法女性版）

形象管理——"又忙又美"

　　近两年"又忙又美"俨然成了一个热词，同样也是现代女性崇尚的一种生活状态。为此，我还专门开了一档直播的栏目叫《又忙又美说》，在每周四晚九点，和女性朋友们分享和探讨如何做到又忙又美。节目中我邀请了很多知名的成功女性做嘉宾，和大家分享她们是如何奋斗、如何生活、如何做到又忙又美的。说实话，对一个女性而言，外貌是她的第一张社交名片，因此形象管理是现代女性自我管理不容忽视的一项内容。

　　民间流行着这样一句话，25岁之前相貌是父母给的，25岁之后相貌是自己修的。还有另外一个说法，看一个女人美丽与否，应该看她在50岁时候的样子。确实有很多天生丽质的人，但任何一位过了25岁还能保持美丽优雅的女性，都不是天生的，而是需要靠后天不断的努力，对美丽付出了多少，都会在她的身体和容貌上表现出来。所以坚持和放弃，虽然只是一念之差，却影响着你余生的形象。

●冻龄美女——林志玲

　　前段时间，著名影星林志玲在微博上晒出了一张健身的照片，还配了一行文字：还是要运动一下。微博的下方，随即就有很多网友纷纷留言，赞叹她的容貌和身材。照片上的林志玲扎着马尾辫，穿着运动内衣，露出了性感的马甲线和小蛮腰，与一个年轻优雅的 18 岁少女无异，但此时的她已经 40 多岁。

和大部分人节食减肥不同，林志玲从来不限制饮食，相反，她还是个美食爱好者。而林志玲之所以能够保持完美体态，秘诀就在于她坚持不懈地健身。工作之余，只要能抽出些许时间，她就会充分应用起来，去做一些瑜伽动作。瑜伽不仅能加强新陈代谢，同时还能帮助缓解工作的压力，保持内心的宁静。林志玲除了做瑜伽之外，还擅长棒球等多项运动，熟悉她的人大多知道，她还时不时地在一些体育赛事中跨界亮相。如果你也刚好是个美食爱好者，同时希望拥有健美的身材，不妨学习一下志玲姐姐，将健身提上日程，用运动的方式消耗掉摄入的多余热量。

当然，保持美丽的容貌和玲珑的身材，不是为了取悦他人，更不要因此产生负担，所有的形象管理，都是为了让我们接近更加完美的自己。我经常在微博晒打拳和健身的照片，带领粉丝组织运动励志社群，把一件小事做好，我坚信好身材，好身体自己给。

●白宫顾问——伊万卡·特朗普

自唐纳德·特朗普参选美国总统之后，特朗普家族的长女、特朗普集团副总裁——伊万卡·特朗普就成为媒体眼中的大红人。而在特朗普成为美国总统之后，伊万卡和她的丈夫，更是一同入驻白宫，成了总统身边的高级顾问。

熟悉伊万卡的朋友，都说她是一个不折不扣的工作狂，身为富豪千金，她原本可以过着悠然自得的生活，但是伊万卡不但每天一早起来跟父亲讨论新的商业计划，更是在工作之余还坚持健身。据说她每天只有 4~5 小时的睡眠，哪怕是在怀孕这样的特殊时期，她也极少耽误工作。

为了证明自己的能力价值，而不是活在父亲的光环里，伊万卡在 2007 年推出了自己同名品牌的珠宝系列，还亲自上阵为品牌代言。伊万卡曾对外界说："我必须对自己狠一点，如果我干得不好，就会被父亲解雇，我相信一定可以凭借自己的能力赢得同事的尊重。"

对大多数人而言，每天朝九晚五地上班工作，已经是很辛苦的事情了，而这位总统千金可要比普通人更加努力。很多人都惊讶伊万卡是如何在产后迅速恢复身材的。伊万卡则坦言，即便每天都要工作十几个小时，她仍然每天坚持晨跑。可以说，在伊万卡取得的成绩和荣誉背后，蕴藏着普通人无法做到的坚持和努力。

● 又忙又美——萌姐

谈到我自己，关注我微博的朋友们都知道，我平时的工作强度非常大，最忙的时候，连续工作近 20 小时，但是我仍然能在第二天神采奕奕地起床，保持充沛的精力。那是因为工作之余，我也在坚持健身和运动，而我最喜欢的运动，正是很多女生想都不敢想的泰拳。

要知道泰拳是一项非常考验体力和反应能力的运动，我刚开始学习泰拳的时候，练完一轮就脸色惨白，但我并没有因此而放弃，在坚持努力之下，如今我可以轻轻松松打完六轮以上。

除此之外，我对饮食和营养学也有一定的研究，比如说如何均衡碳水化合物、蛋白质和脂肪三大营养物质的摄入，如何让你吃得更健康，等等。想要了解这些方面的书友，可以直接收看我的《又忙又美说》直播栏目，我会在节目中和大家探讨和分享，或者阅读我的第八本书《精力管理手册》。也可以在我的微博下方给我留言，我会私信给各位，分享我的营养食谱。

演讲口才

　　好的口才不但可以增加自信，更能提升自己的人格魅力，为自己的工作和生活锦上添花，我本人学习和研究演讲与口才已经有八年之久，将其付诸实践，也已经有将近 12 年的时间。自我在北京师范大学教授演讲与口才的课程之后，我发现演讲能力是可以通过训练来提升的。为此我还出版了两本相关书籍《告别演讲恐惧》和《主宰演讲台》（译著），我还指导过很多国内知名的企业家，让他们能够克服恐惧，轻松自如地站在讲台上发表演说。

●知性优雅——杨澜

　　谈到演讲口才，就不得不提杨澜。杨澜可以说是国内公认的、具有顶尖口才的出色女性之一，她曾经入选"亚洲20位社会与文化的领袖""全球最具影响力的 100 位女性"等。杨澜人生的华丽篇章，就是用她自信的口才和独特的魅力书写出来的。无论在什么场合，她都能用率真、睿智的言语，展现出一个知识女性特有的优雅和自信。

　　一次演讲当中，她问一位女学生长大以后的梦想是什么，女生回答说："希望未来能成为一名知名的作家。"

　　杨澜却不以为然地叹了口气，说道："成为作家就可以了，为什么一定要成名呢？"她之所以这么说，是因为在杨澜心目中，与追求名利相比，活成自己想要的模样才算得上真正意义上的成功。她的言语之间，透露着她对人生的理解，以及对精神生活的追求。在她看来，追求梦想和精神上的生活，远胜于物质上的享受，成为一个发自内心幸福的人，更胜于做一个世俗观念中的成功者。

　　2018 年我有幸与杨澜女士同台演讲，当时是在北京大学的礼堂，看着这位自己曾经的"七个人物"之一，感叹自己的坚持无愧于最初的梦想和承诺。

硬本领修炼的其他方面

现下很多年轻人都很迷茫，找不到自己未来的方向，而七个人物法，就是可以帮助你找寻到人生目标的方法之一。男性版的七个人物法，讲述了快速学习能力、坚持、如何进行时间管理和自我管理等硬本领的修炼方法，而女性版的七个人物法，则提到了外貌形象管理，以及演讲与口才方面的锻炼。我需要在这里特别说明的是，男性女性版本的七个人物法其实是通用的，也就是说对于一名女性而言，快速学习、坚持与自我管理的技能也尤为重要。

当然，你也可以寻找到自己喜欢的七个人物，通过阅读他们的传记、了解他们的生平，以及学习他们的作品，来分析和总结他们身上的优点和闪光之处，让他们成为学习的榜样和范例。当然，这七个人物也不是固定不变的，如果你觉得自己超过了某位人物，下一次就可以换一位更加厉害的人物，让他成为自己努力方向的标杆。

除了以上七个人物法提到的硬本领修炼之外，以下这些也是需要我们去关注的：

1. 情绪管理

2. 社会资本能力 / 人脉

3. 个人品牌的打造 / 影响力的价值

4. 自我管理 / 时间管理

5. 精力管理

6. 商业模式

7. 思维竞争力等

04
1000 天小树林计划：我是如何修炼硬本领英语的

1000 天小树林计划

我曾不止一次地听学生抱怨说，学英语是人生中最难搞定的一件事情。生活中也经常有人问我，究竟是如何练就一口纯熟流利的英语，并在全国英文演讲比赛拿到总冠军的？又是如何做到在 APEC 的 CEO 峰会上，与数十位其他国家的领导人对话，娴熟自如的？一提到这些问题，我不得不从我的"1000 天小树林计划"开始讲起。

熟悉我的人知道，我从初中以来一直有一个梦想，就是成为一名光荣的奥运会志愿者。可是，在 2005 年高考结束之后，我被浙江大学生物医学工程专业录取了，要知道当时在杭州读书的大学生，是无法成为北京奥运会志愿者的。思虑再三之后，我选择了退学复读，再次考取北京的院校。

经过一年的努力，我终于考进了北京师范大学，成为英文系的一名新生。但我原本是一名理科生，英文并非我的特长，开学之初，全年级的英文摸底测试我考得非常糟糕。那一年的英文系一共有120名学生，我的成绩是第89名。这一次是自我入学以来，考得最差的一次。得知成绩后，我的心情非常低落，我反复问自己：我真的甘心当个"差生"吗？答案当然是否定的。

那时候我的梦想，已经不仅仅是成为一名奥运会志愿者，更希望自己能成为一名出色的外交官，而只有全校成绩的佼佼者，才有机会接触到外交官这样的职位。于是我给自己定了一个目标，用三年时间，从全年级第 89 名提升到全年级第 1 名。为实现我的目标，我开始试着分解它。

首先，我观察思考了作为一个大学生，我能够充分拥有的可控时间。我发现，在早上起来至上第一节课之前、晚自习下课到睡前，以及周末两天，只有这三段是我可以自由支配的时间。不过，当时我正担任学生干部，晚上和周末都需要组织和参加一些活动，在我攻读经济学的双学位之后，很多课业也安排在了周末，所以晚上和周末这两个时间段，我是没有办法用来学习英语的，再加上从初中开始，我就养成了早起的习惯，于是我把巩固、提升英语的时间安排在了早上。

紧接着我又向师兄师姐征求意见，了解到完成四年的全部英文能力训练需要五六千个小时。若是我还想要超越其他人，那就必须付出多一倍的时间和精力。除去我平日里课堂上学习英语的时间，我每天还需额外学习至少 3 到 5 小时，坚持 1000 天，才能完成这个目标，就这样我为自己制订了 1000 天小树林英语学习计划。

确定了时间和学习计划之后，我就开始寻找场地实施自己的英语学习计划。去过北师大的人应该都知道，在第九教学楼附近，有一片茂密的小树林，同学们日常经过的地方隔绝开来，那里环境安静，空气清新，平日里是校园情侣最爱去的地方。而早上那个时间，却很少有人经过，于是我把学习地点定在了小树林。

计划好一切之后，我便开始每天背着书包去小树林中朗读英文，众所周知，想要学好英语就一定要开口练习，而那时的我，根本没有自信在大庭广众之下说英语，因此早上幽静的小树林，是我练习英语的绝佳之地，因为在那里我可以毫无顾忌地大声朗读，不用害怕被人嘲笑我的发音不标准。接下来的时间，每天早上5—8点，我都会准时地到小树林学习英语，遇到早上没课的时候，我会直接学到10点钟。就这样风雨无阻地坚持了两三个月，一转眼入冬了。北京三九寒冬气温最低的时候，达到零下20多摄氏度，而早上5—8点，正是一天醒着的时间里，最冷的几个小时，在我完成了三个小时的英文朗读和学习之后，经常会感觉浑身僵硬，身体都不是自己的了。有一次，我读完英语，回到温暖教室里上第一节课的时候，手被冻得连笔都握不住。我甚至还专门做过测算，从小树林回到教室之后，大概需要30分钟，我的身体才能逐渐恢复知觉。

就这样坚持了一个学期，连我自己都觉得快要撑不下去、想要放弃的时候，第一次期末考试成绩出来了，我自己都没想到，我的成绩竟突飞猛进，一跃成了全年级的第一名。因为入学时成绩很差，所以放榜的那天，我怀着忐忑的心情，从后往前寻找自己的名字。因为一直没有找到，我内心十分焦灼，直到听到有同学喊我说："张萌，你的名字在最上面！"我这才半信半疑地抬起头来，反复确认了好几遍，这才相信自己竟然花了半年时间，就完成了最初制定的三年要完成的目标。我粗略地算了一下，这个时候我才坚持了100多天。从那以后，不仅我的英语成绩提升了，我每年都能拿到国家奖学金、一等奖学金和三好学生等荣誉。

坚持确实很辛苦，但是想得到成绩都要先付出艰辛的努力。当时在执行"1000天小树林计划"的时候，我并没有思考太多关于时间管理、精力管理的理论，但是后来发现我的"1000天小树林计划"，何尝不是10000小时定律和"目标管理SMART法则"的一种应用。

10000小时定律大家已经耳熟能详，这里就不再赘述，在此，我就以"1000天小树林计划"为例，来分析一下SMART法则理论和应用。

目标管理 SMART 法则

SMART 法则包括以下五个方面，下面让我们理论结合实践，对应 SMART 法则来分析一下"1000 天小树林计划"。

S：Specific，具体的。

M：Measurable，可衡量的。

A：Attainable，可实现的。

R：Relevant，相关的。

T：Time-Bound，有时间属性的。

●S：Specific——目标要具体

在小树林计划中，我制订了 1000 天的学习计划，每天花 3~5 小时的时间，去小树林朗读和学习。这就符合第一条 Specific，将大目标分解成为具体的小目标实施，甚至我还将计划细化到每天的学习内容，比如每天阅读课文还是单词。

运用 SMART 法则设立目标的时候，请不要仅仅只说想要把某件事情做好，而是要将想要达到的目标具体地罗列出来，比如像我这样，我要花 1000 天，争取成为全年级的第一名，继而将每个阶段要完成的小目标罗列出来。我在自己的线下课堂上，要求学生去做未来规划的时候，也会要求他们把目标尽量写得详细具体，比如有人说想要几年内拥有自己的房子，我就会让他们把房子的价位、地段、小区环境、要装修的预算和风格等都一一罗列出来。

●M：Measurable——目标是可衡量的

在我的"1000 天小树林计划"里，衡量的方式就是考试，我从第 89 名进步到第 1 名，就是对进步程度的衡量。很多时候，大家做的事情都是不可衡量的，比方说很多人会说减肥，但是他们只说我想"瘦一点"，这就无法衡量出你自己是否真正地完成了。正确的做法应该是，制定出可衡量的目标，比如说我是减重 10 斤或者 20 斤。对一个成人而言，不只是减肥，包括我们每天的工作、阅读和学习，**任何一个目标都要是可衡量的，千万不要使用模棱两可的数字，因为无法衡量的目标，就等于没有目标**。

●A: Attainable——目标必须是可实现的

在我大四那年，我们英语系把前三年的总成绩加在一起排了一个总榜，连我自己都没想到的是，入学时成绩位于中下等的我竟然排到了总成绩榜第一名，后面的同学竟跟我差了几百分。我还获得了全国英文演讲比赛的冠军，并且随同领导人出访其他国家。在别人看来，我的进步速度是非常不可思议的。

但实际上，我也并不是一下子就飞速成长，而是通过制定短期可实现的目标，一步一步慢慢成长起来的。很多人在制定目标的时候，就只希望"短、平、快"，能够迅速实现，可大家也都知道，一口气吃不成一个胖子，这也不符合日常行为规律，任何一件事情都是靠慢慢积累而达到的，比如说你不可能今天运动之后，马上就减 20 斤。

所以，制定目标最重要的一点就是 Attainable，可实现的，制定好短时间内的可实现目标，完成之后，再去制定下一个短时间可实现的目标，只有像这样踏踏实实地一步一个脚印，才能慢慢地完成你的终极目标。

●R: Relevant——制订的计划是与目标相关的

意思就是目标分解的每一个小动作，都应该跟主目标相关。我在学习英语的时候，就设立听、说、读、写、译这五个方面的学习计划，来帮助提升自己的英语水平。为了提高自己的英文范文储备，我还背诵了一系列的美国总统胜选的演讲稿，其中还包括英国女王的圣诞演讲以及新年致辞等。大家可以看到，所做的一切都是和学习英语有关的事情。很多人设立了一个目标之后，就开始去做一些其他不相关的事情，试想一下，这样如何能完成和实现你的目标？

●T：Time-Bound——以时间作为衡量标尺

"1000 天小树林计划"中，我选择了在每天早上的 5 点到 8 点或者 5 点到 10 点，每天花费 3 到 5 个小时，集中精力心无旁骛地学习英语，这就属于 Time-bound。后来，我的学生帮我计算了一下，居然发现"1000 天小树林计划"的学习时间，刚好验证了 10000 小时定律。但我想再补充的一点就是，很多人误以为 10000 小时定律的意思就是，任何一项技能只要坚持 10000 小时的练习就可以成功，事实上并非如此。

成功＝不断的坚持＋正确的方法，比如你就算刷 10000 小时的盘子，你也不可能成为一个杂技高手，你熟读 10000 小时的写作理论，你也不可能成为一个作家，任何硬本领的修炼，都必须是理论和实践相结合，只有这样，才能不断地提升自己。

以上就是"1000 天小树林计划"对应 SMART 的解析。读到这里，相信你应该对制定目标时应该注意的事项有了大致的了解。请不要再说我要成功，而是问问自己，自己想要的成功究竟是什么具体的事项，有没有办法用 SMART 法则去拆解自己的目标，把目标每一步都计划清楚。当然，如果你还对目标制定很茫然，也可以继续关注萌姐在喜马拉雅开设的高阶课程——《人生管理课》，在这个课程里我会详细地讲解帮助你成功实现目标的"刻意练习理论"，帮助你从新手小白成功晋级为职场达人。

05
坚持早起的你，将比他人多活出两倍的精彩

萌姐坚持的事

2017 年除夕，我是在天津卫视的《非你莫属》节目录制现场度过的，当我录完节目回家，已经是凌晨两点。那个时间还有同学在微信社群里问我：萌姐，你是如何做到每天早上 5 点钟早起的？我觉得坚持一两天并不难，但要坚持一年、两年就非常不容易了。你是如何做到的呢？

这是自从我开设时间管理课程之后，被问到最多的一个问题，但我想说的是，我坚持的事情远远不只是早起这一项。2017 年初，我拿出一张白纸，罗列了一下自己这么多年还坚持做哪些事情，突然发现自己已经有 10 项活动了，最长的两项竟然已经坚持 20 年以上。

1. 连续 26 年，每三到五年训练一项硬本领。

2. 连续 24 年，每天坚持写日记自省。

3. 连续 18 年，每天坚持早上五点钟起床，看书写作。

4. 连续 17 年，每天坚持喝一两杯咖啡，用以保持充沛的精力和体力。

5. 连续 16 年，坚持使用效率手册这项时间管理工具规划。

6. 连续 10 年，进行"行走的力量"，探访了 40 多个国家。

7. 连续 7 年，每年出版一本书。

8. 连续 5 年，坚持创业从没有想到退缩。

9. 连续 5 年，每年坚持演讲 100 场以上。

10. 连续 4 年，坚持以人为师的自主学习方式，每年向 50 多位成功人士学习，完善自己的知识体系。

当我在时间管理线下课上，把我坚持过的事项逐一说出来的时候，一位学生当场跟我感慨道："萌姐，我觉得以上这些，除了喝咖啡之外，我一项都坚持不下来。"我想说的是，其实很多人并不是做不到，而是根本不知道该从何做起。

坚持的秘诀

● 从小事做起，养成习惯

想要做到坚持，最简单的方法就是从小事做起，然后不断地重复，慢慢地形成习惯。当某件事情成了你生活中的一部分，你就不会觉得坚持是一件很艰难、很辛苦的事情。

● 决定性瞬间

决定性瞬间这个概念，它最早来源于摄影艺术，指的是快门按下时那个最完美的瞬间。但其实我们每个人的人生中，都会有属于自己的决定性瞬间。不知道你是否曾经有这样的感觉，突然某个瞬间，完全陷入了自己的思绪中，完全察觉不到外界事物的存在，这就是决定性瞬间来临的前兆，通常这个时候，你已经被某种感觉或者是某些话语戳中。决定性瞬间有可能是顿悟的瞬间，也有可能是你受到打击和刺激、容颜扫地的一刻。很多人经历过决定性瞬间之后，就会发现自己的行为和心态发生了质变。

当然，单凭决定性瞬间的刺激，不足以完成自己人格的迭代，在我第七本书《加速：从拖延到高效，过三倍速度人生》里，有一幅图片叫作"人的自我迭代升级版本"。这幅图直观地表现了人如何从最开始的状态，一步一步地通过正确的认知输入，完成整个人生的升级。当你升级到更高阶的人生版本之后，又需要另外一个决定性瞬间，来刺激你人生持续地迭代。

除了决定性瞬间之外，是否能够完成自我升级主要取决于以下两点：1. 是否能和比自己厉害的人去交往。和厉害的人交往，就能让你看到自己的不足之处，从而有动力去提升自己。2. 是否能辅以正确的认知输入。认知输入，说白了就是找到正确的书籍和资料，来更新自己的知识理论体系，帮助自己不断提升实力。

● 早起是我的决定性瞬间

其实我也不是一个天生就早起的人，也是受到了某一个决定性瞬间的刺激，才变成了一个自律的早起者，并将这项习惯慢慢坚持下来。

初中时代的我是一个超级学渣，也是一个让老师和家长超级头疼的差生。因为我个子比当时的很多男生都高，快一米七，所以我经常会站出来为那些被欺负的女生打抱不平。除此之外，我还沉迷于电脑游戏，从来没认真学习过，回家也从来不写作业。几乎每次家长会，都会被所有的老师点名批评，因为我总是在他们的课上写其他科目的作业，为此，我的父母也很是郁闷。

直到有一天，老师在课堂上告诉我们，北京申奥成功了，她还对我们说，算起来北京举办奥运会的那年，也就是2008年，刚好是我们读大学的时候，如果那时候我们能够考到重点大学，就有机会成为一名奥运会志愿者，这才叫作为国争光！听到这个消息之后，我心中突然燃起了一个梦想：我要做一名奥运会志愿者。当我把这个梦想说出口的时候，所有人都一脸不可置信地看着我。要知道只有成绩优异的学生，才能考到重点大学。老师当场就做了一个调查，她对全班同学说："有谁觉得张萌能够成为奥运会志愿者的，请举起手来。"

结果全班只有我一个人举了手，在场所有同学都不相信，像我这样的学渣能够考上重点大学。从那天起，我整个人都变了，我从过去的一个超级懒癌患者变成了全班最努力的学生，每天天刚亮就起床，深夜还在挑灯夜读，我开始静下心来，努力学习我所有落下的科目。经过多年不懈的努力，我不但完成了自己年少时的梦想，成为一名光荣的奥运会志愿者，甚至当上了火炬手。而让我蜕变成功的，就是我被老师和全班打击的那一个决定性瞬间。这个决定性瞬间不但让我完成了梦想，更是促使我养成了早起的习惯。如今，我已经带领全国很多想要改变但苦于无法坚持的人，一起早起打卡，在这里我总结了一些坚持早起的经验，分享给大家。

萌姐的早起仪式

● 设置闹铃

早起的第一点就是设置闹铃。在这里，我特别想要强调的一点是，早起不宜用力过猛。过去一些同学上过课之后，下定决心要早起，原本七八点钟起床的他们，突然把闹铃改到四五点钟，结果没几天因为生物钟不适应，坚持不下去了，然后还告诉我说："萌姐，也许我的身体根本不适合早起。"

实际上，他们并不是不适合早起，而是用错了方法。正确的做法应该是，设定21天作为一个周期，在第一个21天，比以往早起五分钟，通过21天适应了这个起床时间之后，在第二个21天，比之前再早起五分钟。长此以往，一年的时间就可以比过去早起一个半小时，也就是原本习惯七点钟起床的人，可以在一年之后做到五点半起床。这样循序渐进地早起，你的身体就会在无意识中慢慢地养成习惯，不会产生排斥。其原理和矫正牙齿相同，都是通过时间的力量，慢慢地改变，而不是一蹴而就。

● 带着目标早起

我们经常会听到这样一句话：我每天都是被梦想叫醒的。在我看来，我们不应被梦想叫醒，而是应该被目标叫醒。我习惯于在床头放《赢·效率手册》，每晚临睡之前，都会把第二天要达到的三个目标罗列起来。在第二天被闹铃叫醒的时候，我也会先想一下昨天设定好的目标，带着目标迅速早起，然后将所有的时间和精力都集中在自己想完成的目标上。

● 使用工具

很多人并没有养成罗列目标的习惯，这时候我们就可以使用一些时间管理工具，来辅助我们完成这一项内容，比如说我设计的《赢·效率手册》和《总结笔记》，都是非常好用的工具，每年都有几十万的小伙伴使用这两个时间管理工具来帮助自己早起并做好时间管理、精力管理以及人生复盘。

● 唤醒方法

我也和大家一样，在早上起来的时候，会精神不振或者有起床气，这个时候我会给自己泡一杯香气浓郁的咖啡，又或者敷上一片面膜来唤醒自己，在喝完咖啡、敷完面膜之后，我就会觉得特别神清气爽，然后让这一天都保持精力充沛的状态。使用薄荷精油也是不错的选择。

●1000 小时精学训练

这些步骤都完成之后，我就会做 1000 小时的精学训练，来修炼自己的硬本领，精学的方式通常是阅读和写作。通过这两项精学训练的坚持，我保持连续七年，每年都能够出版一本书。当然精学训练并不一定只是以上这两项，你也可以根据自己的兴趣爱好或通过七个人物法推出的硬本领修炼目标来设置自己的精学训练内容。

●调整精神状态

最后一步，请你一定要吃早餐，营养丰富的早餐可以为你提供一整天工作、学习的能量所需，所以享用一顿丰盛的早餐，来调整精神状态也是非常必要的。

以上的这些要点，是我在带领几十万的学生从 0 到 1 完成坚持早起这项活动时总结出的一些经验，想要早起的你不妨尝试一下。当然这里还要强调一点，我们每个人的时间管理都是有人格属性的，你要学会给自己的身体编程，只有这样，你才能探索真正适合自己早起的一套程序。

如果你觉得自己的自律能力不够，又或者在早起中遇到一些问题的话，也可以加入萌姐的早起社团，或者关注我的微博，和其他学员一起相互监督，共同完成早起这件看起来非常艰难的事情。如果你可以连续坚持 100 天以上，我还会赠送小礼物，比如之前提到过的《赢·效率手册》，还有专属于早起者的极北咖啡等。相信你在我们的共同努力下，一定可以成为更好的自己。

CHAPTER **2**　第二章　高效学习

人效　生率手册

重塑
升级版

01
学习的闭环结构

什么是高效学习

●愿望实现需要高效学习

在每年的年初，大家都会许下自己的新年愿望，希望自己能拥有完美的一年。不知道你许下今年的愿望了吗？有的人可能希望自己这一年提升演讲能力；有人觉得自己最重要的硬本领是思维竞争力升级，所以今年要提升思维能力；还有的人希望提升自己的工资。一切的提升都与你的学习能力密不可分，你需要把一项并不熟悉的技能，转化为熟悉的技能，这其实不仅需要懂得高效的学习理论，更需要把它应用到实践中。

但是，我们怎么做才能够高效地学习，将学习价值转化为生产力呢？这一章，我要讲述的就是如何高效学习。

●人生效率体系

首先，在人生效率体系当中，高效学习的价值到底是什么？

人生效率体系一共有三大部分：最左边是输入，中间是自我管理，最右边是输出。

高效学习 = 精准的输入 + 良好的自我管理。

●高效学习的组成部分

四种输入方法

一个人的输入，指的是记录在大脑中的事，有四个组成部分：第一是以人为师，向人学习；第二是阅读，通过读书来迭代完善自己；第三是行业会议和培训班，通过系统性的知识理论以及同行的观点，来完善自我认知；第四是行走有力量，通过行走的考察与体验式学习，补充完善认知。

人们丰富认知，通常就是由以上四种方式实现的。

自我管理

自我管理同样也由四部分组成：第一是时间管理，高效地运营好时间，让 24 小时发挥其应有的价值；第二是目标管理，不仅要会建立目标，更要会分解目标；第三是效率管理，如何高效地把一个小时的事情用半小时就等质量地完成，是每个人都在试图解决的课题；第四是精力管理，通过高效的饮食输入和营养输入，以及运动和情绪管理来更迭自己的健康管理系统。如果你对我的精力管理理论感兴趣，请参见我的第八本书《精力管理手册》。

不能高效学习的原因

●不清楚自身问题

自我诊断

输入和自我管理两大部分，共同决定了一个人能否高效学习。在这一节，我首先用望闻问切的方法，帮你确定你在高效学习方面的问题，只有知道自己遇到了哪一方面的问题，才能够攻克问题，收获成长；其次，搞清楚自己不能高效学习的原因是什么；最后，给出具有实操性的方法论和对策。

首先，对自我做一个诊断，请问以下四种类型的人，你属于哪一类？

第一类人：认为别人什么看起来都好厉害，但自己还是一个小白，我什么都不会，也不知道该怎么去做。

第二类人：很向往成功，但就是无法去坚持，做事总是三天打鱼两天晒网。

第三类人：尝试过各种各样的学习方法，仿佛把所有错的或者无效的方法都实验了一遍，但是学习仍然没有成果。

第四类人：学霸级别，任何知识点他都很熟悉，而且可以达到倒背如流的程度，但是无法在实践当中运用，也就是所谓理论和实践无法相结合。

大多数人可能都存在以上同类情况。

人生电池图理论

导致我们无法高效学习的第一个原因，是我们不懂得时间的宝贵。

我提出过一个人生电池图理论。我们的生命，就像一块电池，它是不能被重复充电的，当你把电量用完的时候，你的年华就过去了。我是1986年出生的，现在我的人生电池已经消耗了2/5，很多比我年长的人，他们的人生电池已经消耗了更多。

当我们年富力强的时候，往往不珍惜时间，等到自己精力和体力都慢慢跟不上的时候，才后知后觉地顿悟，时间原来如此重要，我们需要不断重复地、机械地训练，才能提升自我。而当我们的年龄越来越大的时候，不仅需要照顾自己，还需要照顾自己的家人，陪伴孩子，老人时不时又生病，需要你去帮忙，如果你在这个时候才意识到自我提升的重要性，时间就会显得越发地捉襟见肘了。

　　说到人生电池图理论，我设计的《赢·效率手册》这个时间管理工具中，把它淋漓尽致的体现了出来。每年结束的时候，我都会翻到手册的最后一页，映入眼帘的就是人生电池图，它可以用来判断自己可以奋斗的时间还有多少。如果时间非常紧张，而你的梦想真的很远大，那你必须在有限的时间内赶紧修炼出职场硬本领，它就是你的职场竞争力。这个本领一定是越早积累越好，它是你的撒手锏，当你跟其他人进行PK 的时候，这个本领可以让你立于不败之地，永远不可被取代。

　　你要知道，每一项技能的修炼，最适合学习的时间，不是已经不可追回的过往，而是当下。所谓活到老，学到老，只要你肯学，那么此刻，就是你最好的学习时间，需要马上行动起来。

● 累加法则

　　无法高效学习的第二个原因，是没有遵循高效学习的累加法则。

　　什么叫累加法则？举个例子，前几年，中国企业家开始了英语学习的热潮。起因是万科的王石到美国哈佛游学，还去了英国的剑桥，实现了英语从 0 到 1 的学习，他的做法着实激励了一批中国企业家，他们都觉得，老王能行，我也行。于是很多人都跃跃欲试，我身边就有几位这样的企业家朋友，他们觉得我英文好，就向我请教了一些英语的基本学习方法，并表示，自己已经完全做好准备了，为自己打造了一个完美的英语学习氛围，就连临睡前的读物都换成英文的了。过了几个月，有一次我参加博鳌亚洲论坛遇到了他们，我很关心他们英语学习的近况，结果他们却说，过去自己做企业很辛苦，经常失眠，自从学起了英语，失眠基本治好了。我特别惊讶，没想到学英语还有这种奇效，结果进一步询问之下我才明白，他们每天晚上工作到特别晚，一拿起英语读物，没等翻到第二页就睡着了，几个月过去了，他们的英文读物始终没有越过第二页。简而言之，他们的英语学习丝毫没有产生累加的效果。

高效学习一定要遵循累加法则，每一项新知识，一定要构建在旧知识系统之上，就像盖房子，如果你不把地基打牢，是不可能把房子盖高的。

● 完成封闭式结构

无法做到高效学习的第三个原因，是没有意识到总结和反馈的重要性。学习是一个封闭式的结构，从深入认知到输出认知，整个结构是需要总结机制的，另外一套叫反馈机制。

不知道大家有没有这种感觉，每一次听完老师的讲课，都觉得老师讲得对，太有道理了，可是一开始做题，就发现自己还是不懂，这就是没有建立总结和反馈机制的弊端。

所谓总结机制，就是吸收，也就是知识输入完成之后，要与过去的知识体系进行结合，形成一种自我反思。总结一定要靠思维逻辑才能够进行，给大家推荐一本书，叫《逻辑十九讲》，这本小书的内容，就是人如何锻炼自己的思维，以及思维模型应该怎样去构建。

反馈机制在学习当中是非常重要的组成部分，而且是常见的理论。以演讲来举例，我给企业家们做演讲私人教练时，都会做连续的跟踪调查，看看他们的演讲水平是否有提升，我采用的调查方法，就充分运用了反馈机制。

第一，我让他们自己给自己做记录，看看自己是不是有提升。

第二，作为教练，我会把他们的每一次演讲都录制下来，事后重复去看。在《摔跤吧，爸爸》这部电影中，主演阿米尔汗在指导女儿摔跤的时候，也用了录视频的方法，通过视频，可以更为直观地看到自己和自己的对手的动作，找到其中的优势和劣势，进一步修正技能。这就是一种反馈机制。

有人可能会问，作为一个演讲小白，请不起私人教练，这该怎么反馈自己的进步呢？很简单，你可以自己给自己录像，只要给手机配一个支架就可以了，你甚至可以用两台手机同步录像，一台录自己，另一台录观众。通过同步录像，你可以更为直接地看到，当你讲到什么内容时，观众的反应是最有兴趣的。

学习如果不建立反馈机制，就不会达到高效学习这个基本目标。

● 理论和实践相结合

如果你没做到高效学习，可能还有第四个原因，也是非常重要的原因，就是理论和实践相结合的问题。

很多人都不太会做理论与实践相结合的工作。举个例子，每年我都会出版一本书，每一次出完书以后，我跟其他作者不太一样，其他作者等书上市就觉得万事大吉了，但对我来说，书上市恰恰是一个开始，我会把我的读者组织成微信社群，让大家在里面讨论书的内容，我还会在社群里设置一个读书引领官，带领大家设置思考题，比如如何用书中的理论去指导实践，并引领大家如何正确地去阅读这本书。每一周，我都会带领学生们进行复盘，让大家分享自己这周将理论跟实践相结合的案例，分析出好的做法和错误的做法。

理论跟实践相结合，也是一个闭环式的思维，通过实践反思出来的东西，通过总结，将指导下一次实践的过程。时间管理也是这样，在时间管理体系当中，我后面会讲到效率手册跟总结笔记，效率手册是做计划的，主管的是事前思考；总结笔记则管着总结，也就是事后的反思。

事前经过计划，事后加以反思，如果你已经形成了这样的闭环思维模式，那么，恭喜你，你已经掌握了高效学习的入门法。

02
全面打造自我学习系统：建立精学和泛学体系

清楚自己的目标

新年伊始，每个人都需要反思，我到底把时间花在哪儿了？是花费在让我增值、保值的部分，还是花费给了庸庸碌碌的事务性工作？时间的投入其实跟财务投资一样，都是效率作为基本标准的，让你保值、增值的重要基础，就叫作高效学习。

要想实现高效学习，有十大秘诀，这十大秘诀需要按照从零到一的顺序连贯掌握。这一节，我将给大家介绍前四个秘诀。

秘诀一：想清楚自己的目标最重要。

法国著名思想家蒙田说过，灵魂如果没有确定的目标，就会丧失自己。

我们与其每天都许愿发誓，不如先想一想，自己最重要的目标究竟是什么？目标法则是贯穿我的《人生效率手册》的基本思想。如果没有目标，你每天只是瞎努力，没有任何实质的进步与意义；如果没有目标，你每天就算早起了，肯定也不知道自己要做什么；如果没有目标，你就会人云亦云，别人说什么好，你就会跟随别人盲目去做。

● 目标建立：七个人物法

要实现高效学习，第一步就是想清楚自己的目标。在本书的开篇，我介绍了七个人物法，通过树立榜样人物，找到自己需要修炼的硬本领。这就是想清楚自己的目标的方法。

但在七个人物法当中的七个人物，每一年也是需要不断更迭的。我每年都会做两次七个人物法，一次是在年中，六月份做年中总结时；另一次是在年底。每一年年中和年底时，我的七个人物都会不一样，首先，我可能已经超过了等级最低的人物，于是我会把他们替换为更厉害的人；其次，因为目标的完成和变化，处于高层的人物也会相应地发生变化，而我也在不断地成长。

● 萌姐案例：从外交官到创业者

我小的时候特别想成为一名外交官，所以对外交流就是我的人生目标；中学时期，我的目标更加明确，就是要考一所好大学，因为上好大学，是我实现人生目标的第一步。外交官需要有流利的英语作为基础，修炼英语这方面的硬本领，令自己屹立于不败之地，也是我必须要做的事，所以上大学后，我通过 1000 天的小树林计划，让自己从差生提升到年级第一名，无论是训练，还是行动，都跟我当时的目标密切相近。

后来我有机会参加了 APEC 会议，我意识到中国外交事业的发展，跟青年人的知识素养和能力有直接的关系，于是我非常想成立一个 NGO（非政府组织），在中国兴办助力青年就业创业工作的民办非企业，或者是非公募基金会，推进中外两国青年的交流，以及增强本国青年的领导力。我的目标就变化为，通过公共外交的方式，推动中国外交事业，尤其是青年外交事业的发展。后来，当我慢慢地跟青年工作产生关联的时候，我发现最重要的是解决青年的教育问题，很多大学生非常刻苦努力地学习，结果学到的知识，到社会上一点都用不上。我曾经打过一个比方，年轻人在大学时期接受的教育，就好比生产了一个插头，却插不到社会工作的插座上，这中间需要一个转换器。成为大学教育和职场之间的连接器，就是我的人生目标，这也是我创办下班加油站的重要原因。

综上所述，**我的每个阶段目标都在变换，但是针对不同阶段的目标，我都有相应的对策，以及相应的目标分解。这就是高效学习的第一步，你需要建立目标。**

我发现我的很多学生，他们学习的过程就是报名、交费，然后到指定地点去上课。而在我的课堂上，我会让学生们先拿出一张纸、一支笔，在听课之前先问一问自己，你来到这个课堂，要实现的目标到底是什么？请列出第一点、第二点和第三点。那么，在接下来听课的过程当中，我们是为了实现自己的目标而学习的，而不是把听课当成一件追求快感的事情。我们应该紧密围绕着自己的目标，把目标分解成一件又一件的小事，排在效率手册当中，每天执行下去。

为目标设置节奏

我们在跳舞的时候，一定要掌握节奏，节奏不一样，跳出来的舞步就不一样，舞步不一样，舞姿效果也不一样。做事一定要有节奏感，就好比一支舞曲，如果乱了节奏，所有的音符就会失去相应的位置，这就是失衡。这便是高效学习的秘诀二：为目标设置节奏。

那么，什么是节奏感呢？

●**时间管理四象限法则**

通过七个人物法，你寻找到了自己的目标，找到了自己的短板与不足，知道了要修炼的硬本领。那么，你要修炼的硬本领，就是对你而言重要但不紧急的事件。什么是重要但不紧急的事呢？在时间管理的四象限法则当中，我们把所有的事件划分为四种类型：

第一象限，重要且紧急的事。这些事，你需要马上去完成，而且是用自己全部的精力以及支持力量去亲自完成。

第二象限，紧急但不重要的事。比方说取个快递、帮老板买杯咖啡，这些事情很紧急，但是并不重要，往往就是突发事件，你需要马上完成，如果自己腾不出时间，也可以请他人来帮你完成。

第三象限，重要但不紧急的事。修炼硬本领就是这类事，它对你的人生来说非常重要，但是在短时间内，你无法感受到它的紧急性。

第四象限，既不重要又不紧急。比方说没有任何目的的朋友聚会，你为之花费了很多的时间，不仅没有任何作用，还影响了第二天的工作和学习，这类事情要尽量避免。

●**要点**

所以谈到节奏感，我们可以通过四象限法则，先来区分什么是重要紧急的，什么是重要不紧急的，什么是紧急但不重要的，什么是既不重要又不紧急的。对于那些不重要的事，有没有办法通过其他人的帮助来完成，还是一定要自己身体力行来完成，如果自己完成，怎样做更高效？这里要强调一下，重要但不紧急的事，往往是最容易被我们忽略的事，比方说为自己投资学习、运动健身、健康饮食、情绪调节等，需要我们格外去注意。

我开设了个人品牌的训练营，教育大家怎么去做互联网个人品牌建设，来为自己的企业增加竞争力。有人问我，他一年时间能不能拥有 60 万的粉丝？我回答，我可以一夜之间让你成为坐拥千万粉丝的大博主，你信不信？很多人抱着速成的学习心态，不愿意花时间去累积，这就是一种没有节奏感的行为。所有的课程都不能保证一定给你带来什么，但在一年的学习时间里，我可以告诉你怎么打造你的品牌，跟踪、培养、及时为你纠偏，不论数量多寡，让你得到的粉丝都是铁打的、真实的，一口气吃成个胖子，这是不符合节奏感的。

优秀的目标分解，就是让你的目标具有节奏感，以年目标为例，你需要将年目标分解为月目标，再分解成周目标，再进一步细分为日目标，然后坚持每一天去实践，去达到，一个阶段一个深深的脚印，这就是节奏感。

构建精学体系

●精学硬本领

什么是精学体系？就是跟你的人生目标密切相关的、需要通过 10000 小时或是大量的刻意练习进行修炼的知识体系，也就是你的硬本领。这便是高效学习的秘诀三：构建精学体系。

●下班加油站的三大价值

下班加油站提供了三项最重要的价值：**第一项是养成好习惯**，帮助你建立一个能够坚持重复去做的事；**第二项是构建泛学体系**，提升一个人的知识底蕴，邀请一系列的大咖，分享他们所在领域中最成功的事，构建自己的影响力以及知识的宽度；**第三项是打造精学体系**，构建自己

10000 小时以及刻意练习修炼的硬本领。这三方面的价值，帮助你成为一个合格的职场人。

●时间安排

精学体系，需要通过整块的时间以及专业的指导才能修炼达成。我个人学习精学体系的时间，是每天早起的 4—8 点，大概有 4 小时，这段时间非常安静，没有工作上的事务，也没有电子邮件和电话，非常适合专注主动地学习精学体系的硬本领，深入学习。

拓宽泛学体系

●泛学的概念

一个人要想实现目标，不能光靠精修与自己目标相关的学习内容。以学英语为例，虽然学习英语在听、说、读、写、译这五大领域都能精通，但这不代表你只要学会听、说、读、写、译就够了，你还要拥有一定的知识底蕴以及文化素养，包括西方的文学、生活、历史和文化知识等。也就是说，你还要有一个泛学体系。这便是高效学习的秘诀四：拓宽泛学体系。

泛学就是你的知识底蕴，是一个人的知识宽度。经常有人问我，你是时间管理方面的专家，但你好像对品牌建设、商业模式和营养学的理论也都很了解，你是怎么做到的？其实，这跟我平时的阅读以及以人为师的学习密不可分，每个人都需要不断地去构建泛学体系，这也是我创建下班加油站的原因之一。

泛学的目标是让自己成为通才，追求的是知识的宽度。你可以找一些组织机构帮助你拓宽知识面，也可以找一系列非常有趣的朋友，观看一些非常有趣的电影和文化纪录片。总之，**泛学体系的学习，适合应用碎片时间，或者是对你来说并不是特别高效的时间，以及质量不是很高的时间。**

●萌姐案例：创办下班加油站

以我个人为例，因为创办了下班加油站，我们邀请了一系列各个领域的大咖，很多人都是企业的杰出者，我特别喜欢跟他们聊天，他们总是能给我分享很多各自领域当中最有价值的案例和经验，聆听他们的教导，对我来说就是泛学体系的构建。很可能我不懂区块链技术，但是通过跟研究区块链的专家朋友们聊天，我就知道了很多比书本上的内容更深奥的专业知识。

构建泛学体系越早越好。我小时候，父母非常重视我的泛学体系的构建，让我阅读大量历史文化、宗教、艺术、科学技术、自然科学和社会科学领域的相关书籍，从小我就养成了阅读的习惯，到现在我每年还是会读 100 多本书，同时做一系列的笔记。你如果已为人父母，我建议要让你的孩子从小养成阅读的兴趣，以及学习知识的渴望，让他们拥有很强的泛学涉猎能力。

●三点思考

在打造泛学体系的同时，我们一定要搞清楚，什么样的知识属于泛学体系，要区分开信息和知识，知识是可以构建成知识宫殿的，而信息多是零散的、暂时的。在学习之前，不妨先问自己几个问题：

第一，学校和公司所教授或者涉及的知识，是否满足了你的求知欲和好奇心？如果没有，你应该通过什么样的渠道去获取这方面的知识呢?

　　第二,现在你是否已经建立起为自己投资、让自己不断增值的意识?每年是否会在年初时计算自己将为泛学体系的构建投入多少时间、多少金钱,并评估其中有多少是有效的投资,多少是无效的投资?

　　第三,如果你现在还没什么钱,你应该选择哪些免费平台去学习,选择的标准是什么? 这些平台拥有怎样的师资,这些老师是否会通过自己的成功,不断验证他们说话的可信度? 这个可信度的价值有多大?

　　这三个问题非常值得你认真去思考。一个人不能不学,更不能没有边界地乱学。走极端,往往适得其反。高效学习这件事,不仅决定着你未来跑得快不快,还决定了你跑得远不远。

03
学习的闭环：预习、实时学习和复习

人生就是一本效率手册，你怎样对待你的时间，时间就会给你同比例的回馈。人和人本来都是站在同一水平线上的，但是有些人有明确的目标，奔跑速度飞快，并有超强的学习能力；而有些人始终没有变化。在这样一个碎片化的学习时代，如何构建自己的学习能力，尤其是高效学习能力，是人与人之间拉开差距的重要秘诀。

高效学习一共十项秘诀，这一节我将讲述预习法、实时学习法和复习法三个法则，它们可以构建出一套高效学习法的闭环结构。

在时间管理这门课中，我反复提到单点突破法，它包括计划—实施—总结—评估—再次计划，是一个完整的闭环结构。在高效学习这件事中，我们也应该用单点突破法，对应的步骤是：预习—通过上课听讲实时学习—复习，这就构成了一个学习的闭环结构。我认为做任何事情，都要尽量形成闭环的结构，这将极大地减少犯错的可能性。

预习法

●预习的重要性

我经常会问我的学生，你们来上我的效能提升课程，事先有没有做好预习工作？上完课后会不会做复习工作，具体是怎么做的？我也会给大家留作业，让同学们相互监督完成，甚至是以奖励返还的方式去激励大家把复习工作贯彻到底。之所以这样做，是因为我发现那些成功的人，无一例外都有预习和复习的习惯。而那些追求成功但始终不得其法的人，他们几乎都懒得预习和复习，他们认为这两项工作不重要。

在这里，我要跟大家强调，预习跟复习同等重要，甚至比学习本身更加重要。高效学习的第五个秘诀，就是预习法。

●凡事提前

我们为什么要预习？有四个字可以回复大家，叫作"凡事提前"，这属于计划范畴。如何做计划，以早起为例，早起之后的目标，不是起床之后才制订的，而是前一天晚上临睡之前已经制订好了，你还没有起床，就已经有了要执行的目标，这就是凡事提前。在《赢·效率手册》这个时间计划管理工具中，你会发现每一页的第一栏，都是要给自己树立三个当日目标，这个"当日目标"可不是当日设立的，而是前一天晚上就设立好了，这就是凡事提前。

当别人还在浑浑噩噩地度过一天，你早已胸有成竹、自信满满地奔向目标了，这是一种怎样的差距？如果前一天你就已经想好了目标，一醒来就不忙不乱、井井有条地去实现，这样每天叫醒你的就不是闹钟，也不是虚无缥缈的梦想，而是具体而明确的目标。

●一周始于星期日

很多人的一周都是从周一开始的，事实上，周一这一天，尤其是上午的时间，效率都是极低的，很多人把它用来做计划和做总结。但是在我们公司，每周的第一天是从上周五下午开始的，每到周五下午，我们就会做下周的工作计划，以及本周工作总结，这样到了周一，所有人一来到公司就可以立即投入工作，无形中为自己多活了一个上午。

以我个人为例，我每周的第一天是星期日，每个星期日，我在休息的同时，也把接下来一周的计划都做好，那么到了周一，我立即可以全力以赴地投入执行目标的工作中。比起那些星期一才开始列计划的人，我比他们提前了一天，每周我都比别人提前一天的话，十年我将比别人多活多少天？人和人之间的差距，就是这样拉开的。大家学习我的时间管理课，与其学习方法，不如学习一种思维模式。凡事提前，这就是一种思维模式，大家不妨也试着跟我一样，将星期日作为自己一周的开始。

● 预习的比重

在学习这件事上，凡事提前一样重要。什么是提前学习？提前学习就是预习的意思，在一堂课之前，先进行预习，这是学习的必要环节。预习法在整体的学习过程中，占 20% 的分量。也就是说，同样是学习一个新知识，预习和不预习，学习效果将有 20% 的差别。在哈佛大学商学院，如果你上课之前没有预习，教授会直接把你请出去，因为如果你没预习的话，在课堂讨论中，你根本就插不上嘴，你听不懂别人在讲什么，也无法汲取知识的精华，更无法为别人提供有用的信息。

预习和不预习的人，在短时间内，可能差别不会很大，但如果你坚持预习一年、两年或更长时间，就能明显感觉到自己跟一般人的差距，而且这种差距会越来越大。

● 方法论

介绍到这里，很多朋友一定会问，既然预习如此重要，我该如何去做预习呢？其实方法很简单，你只需要在预习的时候，结合自己的实际情况，提出问题即可。学会提问很简单，但也很难，不知道大家有没有这样的经历，当你参加培训讲座的时候，在后面的提问环节，有些人提的问题非常有水平，但有些人的提问真的令人很无语，这其实反映出的就是提问的能力，更进一步反映出的，是一个人的思考能力。

提问是对学习的反思，也是对自我经历的一个梳理，通过提问，你能够抓住每一个锻炼自己硬本领的机会，永远不能放弃这个机会。这里我给大家推荐一本书，叫作《学会提问》，我相信读完之后，会对大家有一定的启发。

实时学习法

高效学习的第六个秘诀是实时学习法。

● 区分学习的课程和场景

大家此刻正在阅读这节课程，这就是一个实时学习的过程，它是一种动态行为。不同的实时学习，需要我们采取不同的方法，有的课程适合一边做家务和其他杂事一边听，而有的课程，你必须集中注意力，拿出整块的高质量时间，坐下来聆听，甚至是边听边做笔记。

我本人就有听电子书的习惯，我一般会选择早晨吃饭的同时听电子书，或是洗脸、刷牙和洗澡的时候，我还为此专门在浴室里安装了防水蓝牙音箱，此外乘坐交通工具的时候也可以听。但是有一些专业的硬本领修炼课程，我就不能这样听了，必须让自己百分之百地全身心投入学习，还要完成记录。

● 记笔记

思维导图法

实时学习要选择配适学习内容的场景，这很重要，同时，在学习当中，我们经常要做笔记。常用的做笔记的方法有思维导图法和康奈尔笔记法。笔记是一个人思想的反映，快速记录，能够看懂快速记录的内容，并进行复盘，是笔记的核心意义。

思维导图又叫心智导图，是表达发散性思维的有效图形思维工具，虽然简单但很有效，是一种实用性的思维工具。思维导图图文并重，把各级主题的关系用相互隶属与相关的层级图表现出来，把主题关键词与图像、颜色等建立记忆链接。思维导图充分运用左右脑的机能，利用记忆、阅读、思维的规律，协助人们在科学与艺术、逻辑与想象之间平衡发展，从而开启人类大脑的无限潜能。

康奈尔笔记法

康奈尔笔记法中有三点非常重要：

第一点是大纲。大纲其实就是框架，也就是老师讲课的组织结构。

第二点是个人的基本记录。比较翔实地根据大纲，把具体内容记录下来。

第三点是总结。总结部分，不仅仅是你总结出的知识要点，还包括你在听课和思考过程中，突然迸发出的灵感，要及时记录，事后誊录到自己的《灵感笔记》中。有关《灵感笔记》，我会在本书第五章的工具当中，为大家详细介绍。同时，那些你突然想到的，以及接下来可能要做的事，也可以记入总结部分，这就是康奈尔笔记法的大致结构。有关康奈尔笔记法，在接下来的章节中我还会详细介绍。

复习法

高效学习的第七个秘诀，是复习法。

●复盘法则

复习法则应该说是学习过程当中最难的一个步骤了，在联想公司，把这个步骤叫作复盘。对个人来说，我们对复习并不陌生，小时候在上数学和语文课的时候，老师经常会说，回家要复习，但这个复习跟我们修炼硬本领时的复习，还是蛮不一样的。小时候的复习，针对的是老师所讲的内容，做到温故而知新就可以了。而对一个成年人来说，复盘法则可不仅仅是针对学习内容本身，而是理论与实践相结合的过程，其重要程度，在整个学习阶段当中，占据70%的权重。

很多成年人在实时学习的时候，往往更多的是追求快感，听老师讲课的时候，不停地觉得老师讲得太多了，我听得太爽了，这就是快感，殊不知，实时学习的作用，只占整个学习阶段的10%，在快感结束后，我们只有通过正确的复习，将理论与实践相结合，才能真正将知识内化。如果你不能把知识内化，学习是毫无意义的。

●年终复盘课

什么是复习法则？看一遍学习笔记，肯定不叫复习，复习是每一天都要对自己做的专项能力训练。比方说我所创办的下班加油站，每年年终我会带领同学们做一次线上的年度复盘大课；每年还会有线下跨年大课，以此迎接新的一年。在复盘大课中，我会帮大家盘点这一年的财务线、时间管理线、人脉线、目标线以及其他线路，等等。对这一年的人生来说，这就是一次复习。同时，我还会帮助大家去梳理你的七个人物法，以及针对七个人物所定立的硬本领的修炼。

2017年，我指导了一位同学，他对我说，萌姐，我认为自己的时间管理能力太差了，但是你知道吗？我的七个人物法当中的七个人物，他们的时间管理能力都很强，我特别想像他们一样，能够成为一个具有时间管理能力的强者。既然萌姐说我要修炼的硬本领是时间管理，那我干脆就报五个老师的时间管理课吧，然后一个一个去听，听完之后我的时间管理能力应该就可以提升了。

收到这名同学的反馈，我立马跟他进行了沟通：其实你学了多少个老师的课程并不重要，重要的是你有没有把一套完整的思维体系嫁接到你的大脑当中，形成你的知识宫殿，变成你的知识体系，然后不断地指导自己每一天的实践。举个例子，如果你每天不使用效率手册，那么你做出的日计划很有可能就是流水账。你只有先树立目标，给自己每天定下三个日目标，然后拆解成具体要做的计划清单，再进行科学合理的排程，才是一份行之有效的日计划。每天早晨起床，拿出你的总结笔记，把过去的一天好好总结一番，哪些事多做了、哪些事没完成、具体原因是什么、该如何改进，长此以往，你才能逐渐提升时间管理能力，也才是真正做到了理论与实践相结合。

学了那么多的理论，仍然过不好这一生，是绝大多数人的常态，因为他们的理论跟实践没有相结合，学了等于没学。所以复盘法以及复习法，在学习中占有 70% 的权重。

●**推荐阅读**

我要跟大家再三强调，一定要不断地将理论与实践相结合。我在创业之初，很喜欢毛泽东的《实践论》这篇文章，并对它进行了全文背诵。创业之后，我要求公司里的小伙伴们时常集体朗读这篇文章，我们还举办了一系列创业实践大赛，让大家把所学到的理论正确地应用到实践当中，我们做了大量的理论与实践相结合的尝试，把知识体系纳入我们的创业实践当中。除了《实践论》之外，《矛盾论》这篇文章也很好，大家应该去阅读并思考，把所学的所有知识运用到你的工作和学习当中，真正指导你的生活。

04
早起，重构你的时间系统

这一节我将为大家讲授高效学习的第八个秘诀，早起法。

早起法

● 早起是精学的前提

早起是精学的前提，我认为这是一项非常重要的法则，也是高效学习的有效保证，它可以让你以最快的速度看到自己的进步与改变，但还是先给大家提出两个字的要求——坚持。

唯有坚持，才能给你踏踏实实的安全感。

经常有人问我，萌姐，怎样才能快速看到自己的改变呢？其实任何一项改变，都可以从一个微小的坚持开始。比方说早起，你可以先从坚持 21 天开始。

● 21 天是养成习惯的开始

首先，我必须强调一下，我不认为 21 天就能够养成一个习惯，21天只是一个习惯养成周期的开始。它让你可以初步体验一下，原来养成一个好习惯的前21天是这个样子的，其实它只是一个开始。以早起为例，如果你可以坚持21天早起，那么你就能感受到，早起这件事并没有想象中那么困难。

为什么要早起

●萌姐案例：早起的起因

　　2018年是我第19年早起，2019年是第20年。在早起的第一年，也就是我刚上初中的时候，我是一个超级大学渣，那个阶段我学习特别差，直到北京第二次申奥成功，全城欢腾，我们的班主任张老师跟我说，张萌，如果你这辈子可以当上奥运会的志愿者，为国争光，你才是真的很厉害。我小时候很喜欢看金庸的武侠小说，特别想当行侠仗义、为国争光的英雄，一听老师这么说，我立刻下定决心，我要成为奥运会志愿者。当时，老师在班上发起了一个投票，看看有多少人相信我能当上奥运会志愿者，结果全班只有我一个人举了手。

　　同学们的不看好，反倒激发了我的斗志，我暗暗发誓，我一定可以。打那以后，我整个人都变了，先从早起开始，我从过去那个超级懒癌患者，变成了每日的整点早起者，从过去那个从来不拿书包回家的孩子，变成一个每天自觉自律学习，从最后一排调到了第一排，并且不断地向老师提问的好学生。渐渐地，我的成绩提高了，受到了大家的认可，我的人生发生了逆转，我真的成了北京奥运会的志愿者。

　　任何事情都是这样，一个人只有清楚了自己要什么、目标是什么，才能真正做得到。

● 早起是一种自律自发的行为

我曾经和康丽颖教授一起开过一期亲子时间管理课程，很多学生家长来听我讲课，在教学过程中，我跟各位家长一致同意，一个孩子只有自发地要做一件事，才能够长期坚持，任何被动地养成的习惯，都是无效的。养成早起的习惯，是一种主动的自觉自律的表现。

说到人的自觉自律，我不得不提到一位很多人都崇拜的偶像曾国藩。曾国藩曾经自嘲地说自己真的很笨，《百家讲坛》的著名历史学者张宏杰曾经这样评价曾国藩，他最大的能力是通过个人的努力，将自己从一个笨人，变成了非常高明且有本领的人。我特别喜欢这句话，还专门把它摘抄下来，印在了我设计的《赢·效率手册》上。在这本时间管理工具笔记本中，有一页是专门写早起打卡记录的，用来测算自己的早起打卡率。

● 早起的界定标准

什么是早起？我认为有以下几个标准：

第一，每天早上六点半以前起来算早起，七点钟起来就不算了；

第二，不用做到百分之百早起，一年坚持80%，根据二八定律，就算早起成功。人吃五谷杂粮，难免生病，当你病痛、情绪不佳和熬夜加班的时候，完全没有必要早起。

● 18 个周期礼物法

唯有坚持，而且通过方法的有效运用，并且调动身体的全部机能，才能养成一个好习惯。有哪些方法可以帮助养成习惯呢？我专门提出过一个理论，叫 18 个周期礼物法，这个礼物法是对人的一个激励。比如你给自己设立了一年买 18 个礼物的目标，如果你在第一个 21 天做到早起 80% 以上，你就是一个合格的 21 天早起者，可以立即把礼物清单中的第一个礼物给自己买回来。如果这 18 个周期全部通关，你就获得了 18 个礼物。用这个法则，可以满足自己的心愿，激励自己，让自己养成坚持早起的好习惯。我一直坚持用 18 个周期礼物法激励自己，不仅买了很多非常心仪的礼物，而且是顺理成章地去买，理直气壮地去买，因为我坚持了，我做到了。

人们要学会给自己一些快乐性的激励，让自己可以把一件小事坚持很久，因为坚持养成习惯是我们的目标。

早起的好处

那么，我们为什么要坚持早起呢？

这要以时间的分类说起。人的时间大概分为两类，一类叫可控时间，一类叫非可控时间。

时间的划分

作为一个职场人，非可控时间就是你上班的时间。另外，如果你有家庭，有孩子，晚上下班回到家，你要应付大量的家务，陪伴老人、孩子和配偶，把这一切事情都做完，你可能就要睡觉了，基本上没有什么可以由自己来支配的时间。

在可控和非可控之外，还有另外一个时间的划分维度，叫作时间质量，时间质量就是你的精力水平，可以被分为高、中、低三个类型。每天早上一起来，对你来说应该就是高质量的时间，因为没有人会在这个时间打扰你，你可以不受干扰地做事。每天晚上睡觉之前，则属于超级低质量时间，因为你已经累得毫无力气，而且思绪杂乱，什么事都做不了了。中等质量时间，基本上就是上班时间。我在第八本书《精力管理手册》中详细讲解了如何把低质量时间调节为高质量时间。

　　所以，**时间可以有两个维度的划分，一个维度是可控和非可控，另一个维度是质量的高、中和低，用 3×2 的法则，到最后就一共形成了六个时间分类，分别是：可控的高质量时间、可控的中等质量时间、可控的低质量时间，以及非可控的高质量时间、非可控的中等质量时间、非可控的低等质量时间。**

　　通过这种时间分类方法，请你把每一天的 24 小时，进行一下基本排列，看一看哪些时间属于什么分类。如果一个人希望成就梦想，就一定要拥有非常多的可控高质量时间，如果你的可控高质量时间很少，那么实现梦想对你来说就是一件非常难的事。

早起帮助我们自我升级迭代

　　很多同学压根没有高质量的可控时间，于是，我给他们建立了一个计划，就是早起计划。早起有一个前提，是必须早睡，如果你做不到早睡，那么抱歉，你不适合早起。为什么？因为我们早起，不能以牺牲身体为代价。人的精力是非常有限的资源，注意力也是宝贵的资源，在有限的时间内做更多的事，是我们共同的目标。如果你不能做到单位时间内拥有更高效率，拥有更高质量的可控时间，恐怕你是无法实现你的理想和目标的。换句话说，没有高质量可控时间，你就不能实现自我迭代以及升级。

每个人的睡眠需求不同

　　要注意，每一个人对睡眠的渴求度不太一样，我个人的话，每天五小时左右的高质量睡眠就足矣，睡多了反而会感觉累，但是有的人每天不睡到八小时，就没有充沛的精力和体力。睡眠质量也很重要，很多人非常多梦，而且喜欢起夜，入睡比较困难，你们需要把睡眠问题解决，身体才能通过睡眠更好地回复。

生物钟的重要性

　　所以，早起的前提是，你必须成为一个早睡者。这一点对学生党尤为重要，学生们都是要应对考试的，考试一般是从早晨开始的，如果你长期是一个晚睡者，早晨和上午的时间势必无法拥有良好的精力去应对考试，因为按照你的生物钟，早晨和上午你是需要睡眠和休息的。靠着考试之前的几个月，突发性地调节自己的生物钟，效果是不会如人意的。

● 心流时刻

所谓的心流时刻，就是百分之百绝对忘我的状态，番茄工作法可以帮助大家达到心流状态。番茄工作法是一个让你在单位时间内能把大量的时间切割为小碎片，并且通过完成小任务，最终完成大任务的方法。大家可以学习一下番茄工作法，百度百科中有我解读和阐释的教学小视频，可以帮助大家理解。

早起将让你比其他人多活出半天的精彩。我教过很多的宝妈学员，她们每一天的时间都为宝宝们服务，完全没有属于自己的时间，如果早上能比孩子先起一到两小时，用来阅读、修炼硬本领，甚至是健身，就可以拥有一个好身材，同时拥有好精力以及完成自我充电。

习惯就是一种无意识的重复。比方说穿衣、吃饭和刷牙，你每天都会做这些事，而且会反复去做，从来不会质疑为什么要做，这就是习惯的力量。好习惯的养成，是杰出人士所必备的能力。什么是好习惯？早起、早睡、多喝水、多运动和阅读，这些都是好习惯，它们往往是逆人本性的，正因为如此，只有少数人才可以做到。

我相信教育的力量，也就是说，可以通过后天的努力去改变一个人，让人实现终身的迭代以及升级。哪怕你过去是懒癌患者，或是一个庸庸碌碌的平凡人，都没有关系，只要你想改变，现在就是改变和提升自我的最好时间。

早起秘诀

最后，给大家推荐几个能够助力你早起的小秘诀：

●第一点，早起三目标法则

每天临睡前，想好自己第二天一定要做到的三个目标，是助力你这一天能够拥有目标感的重要保证。目标法会让你变得更坚定，起得更坚决，而且更加有效。

●第二点，唤醒法

咖啡唤醒法

我每天早晨四点钟起床，五点钟会喝一杯咖啡。如果喝的是极北咖啡，每一次我研磨的咖啡豆不会超过十克，在十克咖啡豆的唤醒下，我会持续四五个小时非常高效的心流时刻。这里我要强调一下，很多人胃不太好，在喝咖啡之前最好吃两块小饼干，不要空腹喝咖啡，这一点真的很重要。

精油唤醒法

除了咖啡之外，精油也是唤醒法的重要小道具。我有一款薄荷精油，我把它滴在喷瓶里，用水稀释，每天早晨起床的时候，都用它喷一下自己的脸，瞬间就会觉得非常舒服，整个人也清醒过来。

冰镇面膜唤醒法

另外，每天早晨起来，在我学习了一小时左右后，通常会从冰箱里取出一片冰镇的面膜，迅速敷到脸上，那种冰凉的感觉会令我觉得身心舒爽，瞬间唤醒了自己所有的皮肤以及感觉机能，对一个早起者来说，这都是很好的方法。当然，我也欢迎大家在微博@张萌__萌姐，跟我分享你的早起唤醒秘诀，我会增加到我的案例教学当中。

●早起者社群

　　此外，如果你想做一个早起者，请你习惯性地被监督，你可以加入一个正能量的早起者社群。我每天都会组织大家一起早起打卡，并发起坚持早起 100 天就送你一个礼物的活动，欢迎大家来到我的微博、下班加油站 App，申请早起者社群，变成一个被监督和激励的早起者。当然，你也可以自己组织家庭的小社群、公司的早起互助群，等等。当拥有被监督以及激励机制之后，你就会发现，你所做的一切都非常值得。各种各样的方式，都是为了助力自己，能够把一件事做得很长，做得很久，做得很有深度，很有价值。

　　希望你也能做一个早起者，克服惰性，过有准备的人生，加油。

05
持久力：建立学习的自我激励系统

今天我们学习的是高效学习的第九和第十个秘诀：在提升自己的阶段屏蔽负面信息，以及提升自我的激励法则和分享法。

屏蔽负面信息

● 你身边的负能量

不知道大家身边有没有负面情绪特别多的人，他们每天都在不停地埋怨，对过去的事情总是抱有悔恨之心。很多学员都跟我说，感觉身边的负能量特别多，每天一进办公室就发现，身边的人不是在刷朋友圈，就是在逛淘宝，一点高效学习的氛围都没有。还有一位老学员对我讲，他有一次在办公室看着效率手册当中的未完事项，自言自语地说，自己还有很多地方要提升，要提升效率，把计划清单中的内容全部做完，结果他的同事用非常奇怪的眼光看着他，说，难道你这样就不累吗？一瞬间，他觉得他跟同事不是一类人，无法继续交谈下去了。

●物以类聚，人以群分

有一句话叫作物以类聚，人以群分。当你想要改变，开始进入高效学习的状态时，就要开始思考一件事，你身边是不是有太多负能量了？你身边的人是否安于现状，他们是否无法理解你的拼搏与努力，甚至对你的行为感到非常不解？是否总是有人质疑你的付出和努力，对你的积极上进以及拼搏精神不认同，不是言语上打击，就是行为上胁迫？人与人之间有一个很重要的差别——主动性，拥有智慧的人会为自己营造出积极向上的氛围，而有一些人经常被负面信息苦苦折磨，感到没有人理解自己，于是就进入恶性循环当中，慢慢被身边的人同化，变成同一类人，甚至也变成了指责他人努力的人。

●案例：环境与个人选择

被环境同化

在下班加油站的一次跨年大课上，我在现场做了一个调查，统计大家的早起率，有多少人每天坚持早起、有多少人没有。当时我听到一位大学生这样回答说，他不是一个早起者。我问他，你在宿舍住，为什么不可以每天早起呢？他说，我的舍友每天都玩到特别晚才睡，如果我早起的话，就会打扰宿舍的氛围，影响他人的睡眠，所以我为了不影响他人睡眠，一定不能早起，甚至我要做最后一个起来的人。于是大学期间，他以保护室友为名，没有早起。这就是所谓的负面评价信息导致的后果。

同样有位住在集体宿舍里的女孩给我留言说，她的舍友每天晚上看电影都要看到特别晚，聊天的声音也很大，她根本就无法早早入睡，更何谈早起？正因为不断地被别人干扰，所以她无法实现梦想。

主动打造积极环境

针对类似的困惑，我想给大家分享一个我的学员小邹的故事。小邹目前还是一名大学生，她刚开始决定要早睡的时候，就给自己买了耳塞，刚开始早起的时候，她选择每天悄声披件外衣，到宿舍的走廊里放一把椅子、一张桌子，就开始学习了，每天如此，坚持不懈。慢慢地，她感召了室友，大家都开始与她一起坚持早起。在下班加油站当中，小邹发起了早起者社群，带领同学们一起早起，她是一个不折不扣的九五后，为自己设置了屏蔽负面信息的条件，同时她愿意坚持分享，激励大家一起前行。

环境与人

不知道大家有没有听过"孟母三迁"的故事？孟子的母亲为了选择良好的环境去教育孩子，多次迁居，因为她坚信环境的力量。

环境可以慢慢地改变人。如果你长期处在充满负能量的环境中，慢慢地也会被身边的人同化。所以，我们一定要主动去屏蔽负面能量，不仅如此，我们还要积极地寻找积极和正面的同好，去寻找那些跟自己一样有梦想和追求的人。我们可以把他们称为异类，这个词来自一本书，格拉德威尔先生写的《异类》。他们是敢于坚持10000小时去修炼自己的硬本领，让自己成为某一领域的专家的人。他们不是常人，因为他们敢于去做那些非常人敢做的事情，敢于去拼搏，实现梦想。

寻找跟自己一样的异类

在你的工作、学习和社交圈当中，如果有跟你一样的异类，请你珍惜他们，和他们结为联盟，共同发展，最好达到生活状态同步，比方说彼此监督早起，一同列出每日计划，一起写每日总结、每日反思，一起学习知识技能，构建职场硬本领。如果你已经遇到了这样一位同步的朋友，恭喜你，你与梦想接近了很多。一个人走得快，一群人才走得远，实现梦想的道路也是如此，所以，请努力地在人群当中寻找到那些异类，珍惜他们，爱护他们，呵护他们，与他们一同前行。

如果你找不到的话，互联网的社群平台也是一个很好的选择，你可以加入下班加油站举办的任何一个社群，与小伙伴们一同早起，一同早睡。我们有几十个门类的分类，你可以选择加入不同的项目，和小伙伴们一起坚持，相互监督，大家彼此利益不冲突，不矛盾，但是拥有共同的梦想，那就是完善自我。

自我激励法

接下来跟大家介绍高效学习的第十个法则，这属于高阶法则，如果你不是已经熟练地掌握了前九个秘诀，第十个秘诀你永远都掌握不了。第十个法则就是自我激励法与分享法。

●18 个周期礼物法

前文介绍的 18 个周期礼物法，就属于一种自我激励法则，达到了目标，给自己买个礼物，就是一种自我激励。

●他人激励法

当然还有一点也非常重要，叫作他人激励法则。你要选择权威机构和他人，对自己进行激励。

我小的时候学钢琴，当时特别不喜欢学，为此，我的母亲想出了一系列的他人激励办法。比如，每一次我弹钢琴之前，她都会隆重地说，下面有请张萌女士，为我们演奏一曲《G大调小步舞曲》，这句话一说出来，就无形中为我营造了一种仪式感。每次听到这句话，我就会登上假想的舞台上，左边一行礼，右边一行礼，乖乖地端坐到钢琴前面，进行训练。这个仪式让我得以每天坚持弹钢琴。同时，我妈妈还给我报了很多钢琴比赛，参加比赛对我来说，就像一种阶段性的里程碑，就像学生每学期都有考试，考试成绩对大家来说，是一种检验，更是一种激励。

● 他人的权威激励

要找到他人的权威激励，搞清楚你的重要他人是谁很重要。在我学钢琴的经历中，我的重要他人就是我的母亲，因为她对我的肯定，一个温柔而坚定的眼神，都会让我觉得内心特别温暖，我喜欢母亲鼓励我，表扬我。当你坚持一项高效学习时，要知道自己的重要他人是谁。

如果你是一个学生，你的班主任老师很可能就是重要他人；如果你要实现一项工作，你的重要他人就是你的顶头上司，你的上级如果对你特别满意，这项工作的进度就会非常迅猛；在家庭生活当中，你的重要他人就是你的另一半，双方的彼此认可很重要。如果想坚持做一件事，你要知道：第一，你的重要他人是谁；第二，他如何能够帮助你坚定实现你的目标。

● 权威机构的激励

还有一种激励方法，叫作权威机构的激励。比方说考试和考级，所谓的权威机构对你颁发的认证，就是对你的激励。我旗下有知识IP的孵化项目，孵化了一系列知识行业中的从业者。我极尽所能地鼓励这些知识IP，让他们不断充实自己，在该专业领域的学习中，鼓励他们进入这个领域的协会，通过协会里同行的认可，肯定他们的存在价值；同时，若他们在某一领域中取得资格认证，获得权威机构的认可，也能极大地提升自信。

分享法

●影响力

分享很重要，任何人都不会排斥你的正能量，一旦你开启正能量的分享道路，本质上你的领导力建设道路也开始了。你影响了多少人，你就具备了多少领导力。我微博现在有200多万粉丝，全网粉丝近800万。我问过粉丝，你们为什么关注我？他们告诉我，因为我总在上面分享能够帮助他们成长的方法，甚至有的时候，他们没有动力了，也会来到我的微博"充电"。

●分享有助于坚持

在坚持的过程中，有的时候真的很痛苦，你会不断地挣扎，因为你的思想观点都需要重塑，要重新构建一套思想体系，在这样的时候，分享就会为你保驾护航。分享也是变相的一种监督方式，当你将自己的感受分享给他人的时候，舆论就会对你形成一种无形的监督力量，因为此刻，你已经成了一个让人模仿的榜样，你已经成了他人的学习对象。那么你在坚持养成一个习惯的时候，就会不断地迭代和完善自我，接受他人的监督，这就是分享的力量。

有关高效学习的实践方法，已经全部讲完了，当你在收获成功的果实的时候，作为你们的分享者和老师，我也感到万分欣慰，我相信我们可以一同把未来打造得更好，一起加油！

CHAPTER *3* 第三章 时间管理

人生
效率
手册

重塑
升级版

01
你不懂的时间管理 / 千万别走入时间管理的误区

《人生效率手册》主要的内容就是时间管理，但时间管理不能孤立存在，还要与一系列的板块共同存在，比如说如何订立目标、如何高效学习，等等。所以前面两章我们讲了设立目标和高效学习，而这一章我们回归时间管理。

时间管理的评价指标

一个人的时间管理能力强不强，要看他在规定的时间内达到目标的情况，以及他所创造的价值，还有他除了工作和学习之外，是不是有硬本领，以及硬本领是如何修炼的，他的健康状况如何，平时工作和生活有没有精力。除此之外，他每一年是不是比去年的自己进步了一大截。

我曾经说过这样一句话，如果你在做年终复盘的时候，不能对年初的那个自己说，哎呀，那时候的我真的好傻，如果你没有这样一种感悟的话，你这一年就是退步了。

●结果导向性

人生就是如此，不是在进步就是在退步，没有不进不退的中间值。我们如何能够在每天都跟别人一样拥有 24 小时的情况之下，拥有更高效的生活，做好时间管理，是每一个愿意拼搏努力的个体都需要思考的问题。

首先，时间管理是具备结果导向性的。

什么叫结果导向性？在我设计的《赢·效率手册》这个时间管理工具当中，每一年结束的页面，都会有一份年终总结。年终总结的第一部分就是人生电池图，需要每个人去思考，如果我把生命当作一块百分之百不可逆的电池，现在自己的电量还有多少？

很多的 90 后，现在大概还剩 3/4，对我们这些 80 后来说，大概只剩不足 3/5，更别说 70 后和 60 后了。时间是一块不可逆的电池，你需要不断地思考，你这块电池的电量还剩多少。

很多人都觉得自己在做时间管理，因为自己会拿一个小本子写一些记录，但是，很有可能你大脑当中一直认为正确的事情，恰恰是错的。

时间管理的误区

探讨时间管理，一定要先把误区跟大家介绍清楚，正是这些误区，让你的时间管理能力无法显著提升，始终停留在皮毛阶段。

●误区一：什么人需要做时间管理

第一个误区就是，很多人都会认为，做老板的那些人才需要做时间管理，我们这些小职员、大学生，不需要做时间管理，这其实是一种非常大的误区。

有一次，我上一节时间管理线下课，那一期是一个亲子班，学员中有很多70后和80后的妈妈，她们的孩子大多数都是00后，甚至是10后，有一些刚上小学，也有一些刚上初中，还有一些刚上高中。很多妈妈都问我："我孩子的每一天都是学校的老师安排好的，还有什么做时间管理的必要呢？"

我不由得想起在我16岁的时候，我的母亲送给我一本效率手册，那是一个黑色软皮的笔记本。当时，我向我妈问了同样的问题，我说："妈，我就是一高中生，我觉得我没什么好做时间管理的，我以后再用好不好？"

我的母亲说："张萌，如果你不会管理时间，那么你这辈子将一直被管理，如果你不能做时间的主宰，你的生命将永远被主宰。"从那时起，我开始记录效率手册，管理自己的时间，一直到现在。任何大牛都是从"小白"开始的，"小白"通过一步一步的努力，慢慢通过时间的积累，就有可能变成大牛。时间管理是一个越早掌握越早受益的事情。

很多人在上完了我的时间管理课程后，人生发生了巨大的逆转。我记得在那次针对妈妈们的时间管理课上，很多妈妈学员最后都听得眼含泪光。**时间管理是要从小就开始培养的习惯，越早越好，一旦掌握，一生受益，永生不会忘记。**

●误区二：做了记录就是在做时间管理

第二个误区，很多人一旦意识到自己需要做时间管理了，就会买一个笔记本，每天记记记。我曾经遇到过这样的下属，我跟他说什么，他就记什么，记了满满一页纸，每一件事还标注了数字序号，做完了更会用不同颜色的笔在后面打钩。

这样做记录，就是在做时间管理吗？显然不是。

每件事都用笔记下来，做到了就打钩，这种做法太初级了，充其量只是一个清单，甚至连清单都不是，因为即使是清单，也会按照事关紧急和重要性的四象限法则，来进行一个基本排列。

所以，这种机械式的记录，不是时间管理。在时间管理这门课中，我曾经提出过一个方法，未来也会讲到，叫**单点突破法，它包括五个步骤，分别是做计划、实施、总结、评估和再次计划。这五个步骤形成了一个完整的闭环结构。**

要先做计划，高效地实施，做完了以后，还要对实践进行总结和评估，分析出提升的意见和建议，最后指导你再次做计划，这才是时间管理的意义。所以光拿一个小本做记录，不叫作时间管理。

●误区三：知识不能内化

第三个误区是高级的时间管理者才会有的误区，大家在学习时间管理时，会对各种方法都很好奇，每当听到什么人分享了时间管理的方法，你就会学习一番，但没学几下，又发现了新的理论，于是就又去学新的了。

如果你不断地去摄取他人的时间管理理论，但是并没有内化成自己的时间管理体系，到最后是没办法指导你每天的实践的。时间管理是一项实践性很强的技能，需要你不断地去把别人的理论内化成你自己的思维体系。

评价体系

●时间管理的人格属性

时间管理是具有人格属性的，你有你的风格，萌姐有萌姐的风格，王萌有王萌的风格，李萌有李萌的风格，每个人的时间管理都要形成自己独有的风格。拿来主义固然不可少，但拿来的得是别人的精华内容，目的是通过实践，将拿来的东西梳理成自己的体系。请一定要为自己打造一套属于你自己的时间管理体系。

●评价标准

既然说到了时间管理体系，就一定会有评价标准。

我每年都会有一套评价指标，来判定自己这一年的时间管理是否合格。我是一个创业者，目前是我创业的第六年，我是做职场教育的，旗下一共有三个创业团队，我需要带领大家完成业绩的增长。所以，业绩的增长、板块的扩张，就是其中的一个评价标准。

为了不让自己的演讲技能变生疏，每年我都会给自己安排几百场演讲，而且演讲数量逐年增多，2016 年是 100 多场，2017 年是 300 多场，2018 年更多。进行这么多场演讲的训练，其实就是我演讲硬本领的不断迭代和增长的过程，这也是一个评价指标。

还有一个指标，是我为自己每年设置的一个硬性指标，那就是出版一本书。我是一个超级早起者。每天早上我起来就做两件事，第一是读书，第二是写作。这个指标能够检验出我有没有完成足够的知识摄入，以及我的写作输出有没有得到出版社和市场的认可，2018 年我的第七本书《加速：从拖延到高效，过三倍速度人生》，已经出版了。

还有一些评价指标，比如说来自身体的。我曾经说过，人需要做好平衡,即便你是一个工作狂,也要兼顾好自己的生活。我是一个健身达人,平时会打泰拳,还有巴西柔术等,每周我都会打四五次泰拳。我的体形虽然看起来很瘦,但是非常有力,而且精力充沛,非常健美,要维持这样的状态,我必须每年保持足够的运动量以及运动技能的提升,这些都是硬性评价的指标。

我建议大家,不妨每一年给自己设置一些时间管理的评价标准,设置特定的指标,然后坚持不断地去实践,完成它。这个过程,其实就是检验你时间管理能力合格与否,如果你的时间管理能力不及格,额外要做的事肯定统统都不能完成。

02
做好时间管理，你要坚持的原则

这一节我要给大家介绍时间管理的三大法则。法则就是原则和标准，是一定要遵守的事。

这三大法则分别是目标性法则、要事优先和组织计划性法则。这三个法则你不需要每一项都熟练掌握，但你至少要掌握其中一项，并且运用到实践当中。

第一点，目标性法则

● 时间管理的基础

目标性法则是时间管理的基础，如果你掌握了这项法则，就会发现时间管理能力显著提升，你就会像变了一个人似的。

● SMART 法则

什么是确定的目标呢？管理学当中提出过一个 SMART 法则，一共有五个字母，分别代表五个含义：字母 S 代表的英文单词是具体的；M 代表可衡量的；A 代表可实现的；R 是相关的；T 是以时间为标准的。

这就是时间管理目标性法则的五个标准。

其实从第五项以时间为标准，就能发现时间管理跟目标管理有紧密相关性。为了帮助大家更好地理解 SMART 法则，我用我自己的故事来进行讲述，我希望你能够设身处地地想想，如果是你遇到这样的问题，你该怎么办？通过这样的方式，把理论运用到你自己的实践当中，形成你的目标性法则。

● 萌姐案例：甲状腺结节的自我康复

生病过程

我是一个创业者，很多人都觉得挺光鲜亮丽的，殊不知我也经历了很多痛苦的挣扎。2016 年，我的创业之路非常艰难，诚然，所有的创业之路都很艰难，但我身为一名女性创业者，在那一年真实地感受到了身兼数职、分身乏术、不眠不休的状态，我经常要持续地通宵工作，睡眠严重不足，吃大量垃圾食品，没有时间运动，身体状况非常不好。因为我个子很高，身材也不错，所以从来没有维持身材的意识，直到有一天，我的衣服穿不进去了，才惊觉自己竟然也会发胖。这让我非常暴躁，因为我当时的情绪管理能力也非常差，每天都觉得没有人理解我。

这个糟糕状态结束的节点是有一天，我突然觉得胸口特别疼，延伸到整个脖子都很疼，我去医院检查，结果是甲状腺多处结节，而且病情发展得非常迅猛。那段时间我都没法去公司了，每天去医院报到，我前后一共去了北京 30 多家医院的甲状腺科。大部分医生给我的结论都是，马上去做甲状腺的手术，切除病灶，否则会危及其他身体器官的健康。

其实切除甲状腺并不是什么难事，但我有两点非常不喜欢：第一点，我作为一个女生，特别在乎自己的容貌，脖子上如果有一个大大的疤痕

（因为我是疤痕体质，我估计这疤痕要一辈子都带着），那从此以后我都没办法戴漂亮的项链，露脖子的衣服也不能随便穿，这样的生活我不想要；第二点，医生说，甲状腺切除后，我的身体就永远失去调节功能了，必须每天吃药，一直吃到去世，最关键的是，服药的药量是不可控的，只能每个月去医院抽一次血，通过血液报告来判断下个月是否要增减药量，这种不可控的人生我绝对不想要。

后来，我决定做一个甲状腺穿刺手术，提取结节里面的细胞，判断是良性还是恶性。那一天，我躺在医院的手术台上，医生把我的脸蒙住，为我做穿刺的是一名实习医生，她的基本功不是特别好，要反复穿刺，每一次都令我感觉剧痛无比，虽然打了麻药，我还是泪流不止。一直以来，我都是个自尊心很强的人，从来不在人前流泪，但那次穿刺手术，我从头哭到尾。

自我反思和对策

虽然过程非常痛苦，但凡事都有两面性，我的决定性瞬间来了，我想明白了一件事，之所以我会经历这一切，罪魁祸首就是我自己。我想到了凌晨三四点钟下班回家的自己，拖着疲惫的身躯跟同事吵架的自己，每一天责备同事而不是用微笑和包容鼓励他们的自己，随手抓到什么就吃什么的自己，从来不运动的自己，每天懒懒地坐在沙发上的自己，就是这样一个自己，让我今天躺在手术台上受苦。

我暗暗地给自己做了一个计划，我希望自己用 150 天的时间，通过健康的生活和良好的心态，打败甲状腺结节，让身体自己康复。人体是可以通过营养学调养来自愈的，营养学跟健康管理密切相关，最重要的部分是饮食健康结构。营养学到底是什么？身体赖以生存的动力基础是什么？怎样通过科学的运动来增强新陈代谢，情绪管理如何进行？

每一个学科我都拜了老师，细致学习理论，然后在自己身上实践。

从此以后，我每天晚上早睡，早上坚持早起，早睡早起成了我的常态，每天吃得很健康，大量饮水，保证身体的新陈代谢，同时合理搭配膳食摄入。一开始我吃东西前还要用秤量一个重量，后来就不需要秤了，我大致看一眼就能估算出每一样食物的重量和热量，以及营养成分。

在情绪管理上，我控制情绪，学会真正地爱他人，包容他人，把同事视为家人。从应对顾客到真正爱我的粉丝和学员，这种内心上的转变，对我个人的改变是最大的，我真正学会了包容。后来在竞争对手猛烈打击我的时候，我仍然能用微笑去包容他们的无礼和粗俗。

同时，我大量地运动，选择自己热爱的运动，并且坚持它，坚持得特别久，身材和精力都有显著的提升。到了第 100 天的时候，我去医院复查，太棒了，我的甲状腺结节全都消失了。这就是近几年发生在我自己身上的事，它是真实的案例，后来在我进行自我复盘的时候，SMART 法则映入我的眼帘，当我们为一个目标做计划的时候，我们必须用 SMART 法则来管控好我们的时间。

理论与实践相结合

在对抗甲状腺结节的过程中，我是不是运用了 SMART 法则？我的计划具体吗？具体到饮食管理、营养管理、运动健康管理和情绪管理，等等。可衡量吗？我给自己安排了一周四到五次的泰拳训练，每天 30 分钟的腹肌训练，每天晚上 10 点上床睡觉，早上 5 点起床，保持 7 小时的睡眠量，同时进行情绪管理，阅读情绪管理书籍，先学理论，再在自身进行实践，通过教练的帮助，让自己坚持得更久，这就是万事可衡量。结果我不仅瘦了，身材也更好了，精力特别旺盛，免疫力显著提升，最后完全康复。可不可实现？刚开始我决定做康复训练的时候，医生们都建议我切除甲状腺，我跟他们说，150 天如果不康复，我再过来做手术。是不是相关的？我每一个目标的设置，跟我做的事彼此之间都密切相关。

最后，我有没有以时间作为基础？当然以时间作为目标。大家未来在设立目标时，也一定要用SMART法则来进行重述，看看是不是符合标准。

第二点，要事优先法则

●时间管理的重要法则

根据时间四象限原则，任何事情都可以按照重要性和紧急性进行划分，我们优先要做的，就是最重要的事情。我在很多场合中都会推荐德鲁克先生的《卓有成效的管理者》，他专门用了一章的篇幅，去阐述什么叫作优先法则、什么叫作要事优先。

有两点值得大家去学习和思考：第一，我们需要把重要的事情放在前面去做；第二，一次只做好一件事。

我发现，人们先做的更多的是紧急的事，而非重要的事，他们一般分不清楚什么事重要、什么事不重要。比方说，你的身体健康是不是重要的？你的学习重要不重要？当我这么问你的时候，你一定会点头说，对，身体重要，学习也重要。可是当你面对一个特别着急的事，很可能这种事并不重要，只不过挺紧急的，你却本能地把锻炼和学习砍掉了。

人类有一点非常有趣，就是经常忘掉那些重要不紧急的事，反而去做那些紧急但不重要的事。请你记住，重要的事情要先做，要事优先。

●一次只做好一件事

很多人都以自己能同时做多件事而骄傲，我真心想说，当你的目标太多，反而就是没有目标的体现。当你的思绪太多的时候，你就会觉得很繁杂、很烦乱。过度消耗自己的精力不见得是一件好事，你以为能够在单位时间内处理很多件事情，看起来挺牛的，但消耗了过多的精力，导致当你需要去专注处理重要事件的时候，注意力却无法集中起来了。

从前，我也不是特别懂这个道理，我总觉得自己同时能做很多件事很厉害，但是从结果导向的角度进行思考的时候，我发现自己什么都没做好，什么也没做到。集中注意力只做好一件事，这个理念来自很多指导我的导师们。很多人分享：这辈子最大的受益来自"一次只做一件事"。

那些杰出人物，都具有一次只做好一件事的能力，比起做了多少事，做事的专注力以及聚焦力更为重要。

●重要的事先做

判断标准

如果说一次只做好一件事，那么我们要先知道，做事的优先顺序是什么，我们要根据优先法则，对我们的计划清单进行排序。德鲁克先生给大家提供了四项判断标准：

第一点，重将来，不重过去。

第二点，重视机会，不重视困难。

第三点，选择自己的方向，不盲从。

第四点，目标要高，要有新意，不能只求安全和方便。

一点补充

我想针对第四点再谈两句，在我所创办的下班加油站，有特别多的青年导师，他们都是取得一定荣誉和财富的人，他们年轻时都给自己树立过目标。其中有一位导师，他在 20 多岁的时候就立了誓，要成为某著名杂志的总编辑，因为他非常勤奋努力，目标明确，30 岁就实现了这个目标，然后，他感觉特别苦闷，难道自己的这一生就要结束了吗？他沉寂了足足 5 年时间，什么都没干，每一天都在浑浑噩噩中度过，找不到人生目标。所以，我们树立目标的时候，要稍微把目标定得高一点，有新意一点，不能只求安全、方便，不能只求苟且生存。

第三点，组织计划性法则

● 两个判断

什么叫组织计划性法则？我们首先要做出两个判断：

第一，我们需要对自己的时间有一个基本的判断，我们要知道什么是可控时间，什么是非可控时间，什么是高质量时间，什么是中等质量时间，什么是低质量时间。比方在我的"1000 天小树林计划"中，我选择早上来学习英语，因为早上是我的高质量可控时间。

第二，需要搞清楚自己的高质量时间段，这是你修炼硬本领的时间。请问你的整块时间在哪儿？碎片时间又在哪儿？我的早起时间就是我的整块时间，从我工作开始的每天九点到晚上，全部都是碎片化时间，时间是被切割的，而且不断地需要通过别人的反馈来进行分配。

● 两个维度

而做自我提升、学习、运动，这些事需要整块时间，碎片化时间是无法完成的。在时间管理课程当中，我们需要对自己做一个判断，这是以自我认知为前提的，大家可以从两个维度去区分：

第一个维度是，你的人生目标是什么？

第二个维度是，你自己的现状是什么？

以你的人生目标为角度，一生的目标是一项远期目标，相对应的时间管理方法叫作远期目标管理法。而你的近期目标，比如说一年的目标，用的是效率手册，需要用日程管理方式或者近期管理时间方法去管理。

目标决定了你的时间管理。目标管理必须是有组织、有计划的，可以按照可控和非可控，时间的高质量、低质量、中等质量，去做组织和计划。

同时，单点突破法也是一项非常重要的组织计划性法则。你需要设立一个计划，去实施，然后总结、评估到再次计划，构成你的时间管理完整闭环。

03
人生目标不拆解便不能实现

接下来我们继续探讨时间管理，讲述时间管理的四大方法。

方法，那就是教你如何操作。在讲述之前，我先对大家提出一项基本学习要求，请大家在四大方法当中，至少掌握两条基本方法，这是最低要求，也就是你们要把至少两种方法熟练地学习，并运用在工作以及学习实践当中。

这四大方法依次是：**第一，目标分解法；第二，单点突破法；第三，核心竞争力法；第四，自我激励法。**

再强调一下，一定要学会其中两种，对于我的老学员们，我有更高的要求，要争取把四种方法都熟记于心。

目标分解法

●长期与短期目标

目标分解法一共有两种：一种是人生的长期目标，另一种是人生的短期目标。

我们要学会把长期目标和短期目标做区分。上天把智慧之果撒落人间，但是非常可惜，并不是每个人都能找到正确的打开方式，大多数人只能庸庸碌碌地度过此生。人生是由每天组成的，很多人每天醒来，仿佛就是为了完成工作，其实不然，你需要知道自己为什么醒来，这一生的目标是什么，接着要把这一生的目标，慢慢地向下进行分解，分解到每一个十年、一年、每个季度、每月、每周以及每天。

● 十年一个阶段

下班加油站每年都会举办全球女性领导者峰会，在2017年的峰会现场，我们请到了著名畅销书作家、芳香疗法的专家——金韵蓉老师。金老师说了一句话我特别赞同，她说人生是由每一个十年进行计算的。

如果说人的一生是以每一个十年进行计算的，实际上，人这一生从开始懂事到20岁，前两个十年基本已经浪费了。最后面的两个10年时间，我们的身体呈往下走的趋势。假如一个人能活80岁，抛弃前两个10年和后两个10年，中间只剩四个10年。实际上你做长期规划，无非就是四次规划，看起来非常少，但是我们要知道，每十年一个大周期，是一件很重要的事。这对你来说是一个长期目标，长期与短期是相对的，与十年相比，一年就是短期目标。

● 避免瞎忙

今天早晨我看了一个专访，采访的是我的偶像，特斯拉的创始人埃隆·马斯克，他谈及了自己的勤奋观，他说自己每周工作100小时，并且持续地坚持下去。但是坚持是一种必要的条件，而不是充分条件。很多人都勤奋，但只是一种无效的勤奋，你每天都看起来很忙，但是否忙到了正确的地方呢？

很多人的忙，就是瞎忙，是一种没有目标的忙，或者说没有按照目标分解法，不是从一个大目标分解出小目标，再从小目标分解出每一个动作。如果你做的事情，不是为了达到目标，那就是瞎忙，你忙着刷朋友圈，忙着阅读跟风，忙着别人做什么你就做什么，忙着参加跟人生目标不相关的社交活动，把白天时间都浪费了，只好晚上去加班。这种忙碌是低效的，既损害了你的健康，又没有取得你的预期效果。

目标分解的正确打开方式是：从人生目标开始，确定自己的不足，以及要确定具体的方向、待训练的职场硬本领，进而确定今年的目标。

我曾经多次讲过，在《赢·效率手册》当中，一年只有两大目标。一大目标是重要紧急的目标，就是今年你一定要完成的事，对职场人来说就是升职加薪，对学生党来说就是完成学业，好好学习；还有另外一项目标，是重要但不紧急的目标，比如说身体锻炼，比方说思想提升、硬本领的修炼。

● 目标分解

在年度目标设立之后，就要用分解法，把目标具体的实现方式确定。

你需要把年度目标分配给 12 个月，进而确定每个月的月度目标。12 个月度目标加在一起，正好就等于你的年度目标。确定完每个月的月度目标之后，还需要继续分解，再把 12 个月的月度目标分别分解成四个周目标。四周的周目标加在一起，就等于月目标。之后就是周目标，每周有七天，七天可以分为七个日目标，七个日目标加总，就等于周目标。

任何的年度目标，都会被分成每天的目标，每天的目标组在一起，365 天就构成了年度目标。**目标分解法决定了我们要分到不能再分的程度，需要大家能够把目标分解以及重组。**

●两个原则

我想强调两个原则，第一是任何的目标都是需要被分解的，到操作层面，你一定能够去把它充分地分解到不能再分解的程度，比方说你每天做的事，尽管有日目标，你还是要继续细分成每十五分钟要做的事，这样才能够保证你的目标是能被执行的。

第二就是要分解出一个小目标，做一个分解评估：这种分解方式是否有效、是不是一种合理合规的分解方式。你需要按照先后顺序，把所有的小目标加在一起，如果你做完这些连续性的小事件，大目标能不能实现？目标分解和目标重构，是互补的过程。

04
确保目标实现：单点突破法

时间管理的第二个方法，是我非常推崇而且非常喜欢的，就是著名的单点突破法。

单点突破法是最灵活的、应用的场景最多的方法，不仅适用于时间管理，还适用于工作，包括做家庭计划等，它是一个完整的闭环结构，包括计划、实施、总结、评估到再次计划，请你一定要牢记于心。

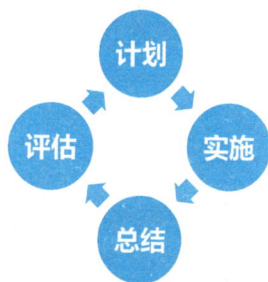

●时间重叠

我们为什么要用单点突破法呢？我们的每一天，不可能只做一件事，对于那些特别重要并且都同时在跟进的事情，目标和目标之间，可能存在时间上的重叠。比方说，每天早上起来学习的内容，跟工作当中要跟进的项目，都在同时侵占你的时间，每一个事项都需要当作一个小项目来具体完成。

比方说，我是一个创业者，我不仅创办了立德领导力这个品牌，同时创办了极北咖啡，以及下班加油站这个职场人的互联网大学，带着这三个团队共同向前走的时候，三个团队的目标都不一样，目标和目标之间是并行的关系，而且它们都在同时占据着我的时间。

　　我是一个不向命运妥协的人，每一年对自己的时间管理规划，包括自己的身体规划，都有一定的要求，比方说一年我会出版一本书、阅读100多本书、学会一个新的体育运动技巧。这些事情的时间是彼此重叠的，它们看似是冲突的，我如何能够管好自己的时间，确保每一件事都有序地进行下去呢？这个时候，针对每一件事，我就要运用单点突破法。这就是我非常喜欢单点突破法的原因，它能让我的生命变得绚丽多彩，让我的努力可以被看见，让每一件事情都尽在我的掌控之中。

　　单点突破法，是基于项目管理开发出来的管理方法，尤其是运用到时间管理上。我在前两节当中，专门指出时间管理是有误区的。很多人认为，光拿一个小本进行记录，就是时间管理了，我否定了他们，这不是时间管理，**真正的时间管理是从做计划开始的，这就是单点突破法的起点**。

● 计划和实施

　　到你做完计划，用完效率手册之后，你开始去实施，实施过程当中对比监督，最后进入总结和评估环节，你要去复盘你的目标，通过总结和复盘，就能得出相应的评估意见，指导你下次做时间管理的规划。下次等你再拿出一个小本本来进行记录的时候，你就不再是单纯罗列清单，而是有一个明确的系统。

　　有逻辑性的人跟没有逻辑性的人，看起来差别不大，但是从根本上来讲，他们的内核驱动是截然不同的。

● 总结和评估

　　在这本书的第五章高效者工具，我会给大家详细介绍效率手册和总结笔记，以及单点突破法的实践性运用，希望你能按照这个方法来归类管理好你的时间。

　　简单来说，你可以拿出一张 A4 纸，中间画一道竖杠，左边是计划线，右边是总结线。什么叫总结线？做计划的时候，0 点到 24 点，每个时段你在做什么，直接每天做计划，也就是在这一天开始之前，先把计划全都列出来，这是第一步。第二步，当你全部列完以后，右半边是你真正做的事。我用微信给自己建了个群，名字叫"自己"，我做完任何一件事，都会在群里说一下，比如："已经离开会场""演讲结束了""直播结束了"，等等。第二天早上早起的时候，我就拿出这张纸，把自己前一天实际做的事情，全部写下来。因为做过记录，所以非常容易统计。

然后，我们需要做一个对比工作，也就是总结工作。请问左边这张图跟右边这张图，在 24 小时的运用当中，是不是一致的？绝大多数人都会回答不是一致的。如果你的答案也是这样，那么你此刻就需要做一个时间管理的评估工作，你要总结自己没有做到的原因是什么，是因为突发事件，还是因为做这些事能力不足，总之，你一定会有一个原因，这就是基于计划的评估反思的过程。

●效率手册 + 总结笔记

第二个过程也非常有趣，你多做了哪些事？你做了计划之外的事，那肯定也是突发事件，你可以看看自己花费在突发事件上的时间是不是很多。通过这样的对比给出评估，到最后，请你给你自己提建议。你可能会说，突发事件我是需要每天留出空余时间来处理的，不能把自己的日程排得太满。你还可能说，我的情绪比较失控，所以会导致今天什么都没完成，影响了我的工作进度。

这个方法，其实就是单点突破法的具体运用。效率手册加总结笔记，就是计划、实施到总结、评估的过程。我非常非常愿意去用这套方法，让我的思想不断迭代。

图1：《总结笔记》每日复盘

每日复盘 日期：2019.1.3

时间记录   每日复盘

0
1   未完成事项
2   无
3
4   多完成事项
5   1.GYL例会
6   2.准备在下班加油站微信课程演讲内容
7   早起10000小时学习
8
9   GYL例会★   原因
10   3   1.通过图以往年前的工作表现，意识到
11   2★   新的一年要先统一思想，所以先召开
12   了本不在日程上的例会
13   1   2.把与导师沟通时间调整为导师中午
14   吃饭休息的时间
15   7   3.晚间空闲时间较多，增添未来两天
16   6   演讲筹备的工作
17   5
18   健身   时间管理建议
19   1.在其他人方便时与他沟通工作
20   晚间学习   i.e. 在GYL导师午休时，与老师沟通2017年青年
21   大会出席时间
22   2.把工作内容安排周会
23   4+准备在下班加油站   i.e. 新年会先统一思想
    微信课程演讲内容★
24

今天我想明白的一个道理

要发挥他人优势，带助手下杨长避短

备注：1. "★" 代表与《赢·效率手册》计划不一致的全部内容
        2.该行为记录与《赢·效率手册》1月3日案例相互映照，可先行参考《赢·效率手册》(2017)的具体内容
        3.该《总结笔记》为12周总结使用

05
核心竞争力：让你屹立于不败之地

接下来我们继续讲述时间管理的第三个方法：核心竞争力法。

● 一流的成功人士早餐前做什么

前段时间，微信朋友圈里特别流行一篇文章，叫作《一流的成功人士早起的时候都在做什么？》。作者写到了乔布斯每天早上四五点钟起床，雅虎的 CEO 每天四五点钟起床，苹果现任 CEO，对自己的要求就是每天最早来办公室，最后一个离开，他对此深表骄傲。

那些成功人士，都有一个共同的习惯，那就是早起，但是那些超级懒癌患者一般最难做到的也是早起。成功者们早上起来健身、阅读、学习、陪伴家人，拥有了特别多属于自己的时光。我专门对这篇文章进行了调研，发现出自美国一本著名的畅销书《一流的成功人士早餐前都做什么》。

● 你每一天花费在无意义的事情上的时间有多少

在这本书里，作者用了很多事例告诉我们，早起对每一个年轻人来说都非常重要，而早起的时候做什么则更加重要。有一个数据表明，每七分钟人们都会刷一次微信，要是七分钟刷一次微信，一小时要在这件事上浪费多少时间，一天又要花费多少时间？很多人不是用微信来工作的，他们只是不断刷朋友圈，被一些无关广告吸引，此外有的人在刷朋友圈的时候，其实也在寻求一种存在感。一项调查表明，美国人平均一天要花三四小时，去做那些毫无意义和毫无价值的事，而不是花费时间去构建自己的核心竞争力。

●你的硬本领是什么

我面试员工的时候，如果面试者是有三到五年职场经验的人，我就会问：请问你的核心竞争力是什么？你的硬本领是什么？现在，我也想问问各位读者，请问你的硬本领是什么？

什么是硬本领？就是核心竞争力。当你跟其他人PK的时候，一旦你秀出这项硬本领，其他人就没有饭吃，你的老板就会把你留下来。换句话说，当你拥有了这项本领，在你这个领域当中，别人就无法与你竞争。你靠的就是这项本领去吃饭，而且不被淘汰，没有人可以替代你，你就是独一无二的，具备自己不可替代的优势。

●早餐前做什么

我建议大家，在早餐前的这段时间里，一定要拿出两到三小时，用来积累自己的核心竞争力，用来做那些重要且不紧急的事。关于早起我们应该做什么，有三点非常值得我们去反思。

第一，早起的时候，你可以发展你的事业。这就是构建你的职场核心竞争力、职场硬本领的时候。通过七个人物法，大家确定了自己到底要修炼什么硬本领，然后，早上起来就修炼它，比如说演讲、写作、打造个人品牌、英语、金融理财等，一旦你把这项硬本领修炼出来，别人就无法与你竞争，这就是你的核心壁垒优势。

　　第二，请你给家庭一个基本需求以外的额外呵护。比方说每天花费一小时跟孩子一起交流，面对面沟通，聆听他们的内心，或者陪伴他们做一些手工以及阅读，让他们感受到，爸爸妈妈一直非常关爱他们、重视他们。

　　第三，从事健身锻炼。我发现，凡是养成早起习惯的人，运动锻炼能力都会提升。在我的学生当中，做各种体育锻炼训练的都有。他们之前都不是愿意运动的人，都是特别懒的人，但是通过我们不断的引领，以及方法的践行，大家开始构建自己早晨起来的时光，拥有了更多的兴趣爱好。

　　我不知道各位读者的年纪有多大，是 60 后、70 后、80 后、90 后，还是 00 后。如果早起你需要修炼一项硬本领，构建你的核心竞争力，那么你需要根据你的年龄，以及你的人生发展阶段的不同来具体安排。如果你现在还是一个职场"小白"，或者是即将就业的大学生，我认为你一定要把早起这段时间应用好，来构建你的职场硬本领，这其实是一个义不容辞的事。

　　时间管理，请大家记住，越早想明白越好，而光想明白还不够，你需要更早做到，光做到也还不够，还需要每天坚持。

06
自我激励法：让好习惯可持续发展

前面的章节中，我多次提到过自我激励法。这里我要重点强调一下，自我激励法是能帮你把一件事做得很持久的很有效的方法。

● 分类

自我激励法一般需要从三个方面去理解。

第一，要学会自己激励自己。用物质去激励，比如18个周期礼物法。

第二，靠他人去激励你。寻找一个"异类"的人格榜样，通过每天看他的微博，或者看他的朋友圈，了解到他的时间安排。当你懒癌发作，你就去看他，激励你前进。

第三，自己激励他人。如果你要成为一个榜样，你最好能够接受舆论的监督，让自己形成领导者意识，带领大家去克服懒癌，而不是自己首先患上懒癌。

● 自己激励自己

首先我们谈自己激励自己。

我曾经讲述过21天的习惯养成周期。以早起为例，你可以先用21天时间来试水，这21天给自己定一个指标，如果80%的日子完成早起，就给自己送一份心仪的小礼物。你先把小礼物想出来，比如说想要一个包，把它定义为你这 21 天坚持下来的礼物。当你每天坚持早起，21 天结束的时候，统计一下结果，早起率高于 80% 了，立马去商场里把包给自己买了。这个过程，就是 21 天习惯养成周期的第一个小循环。

养成一个习惯，21 天是绝对不够的，它只是一个习惯养成周期的开始，最好的方式是坚持 365 天。365 除以 21，大概等于 17.4，约等于 18 个周期，如果把 18 个周期都坚持下来，恭喜你，你的早起行动完成了，而且你还得到了 18 个心仪的礼物。

我曾经发起过一个"早起励志币计划"，让学员先交 39.8 元，接下来的一个周期，如果学员的早起率能达到 80%，钱我如数退还，其中一位成功坚持下来的学员事后跟我说，他本来是做不到的，但他一想到自己交了钱，居然就坚持下来了。

●他人激励自己

除了自己激励自己，还能用他人来激励自己，也就是要给自己找一个人格榜样。

在创业的过程当中，我经常觉得特别辛苦，特别疲惫，特别委屈，怎么办呢？我就给自己找一个人格榜样，这些人都是我崇拜的偶像，我向他们学习，每当我坚持不下来的时候，就看看他们的微博，就看看他们的朋友圈，瞬间我就满血复活了。他们所承受的压力和责任都比我大，他们也很累、很辛苦，但是他们仍然坚持着，这种榜样的力量是无穷的。

我建议大家都能够找到自己的人格榜样，最好是真实存在的平时能够看得到、摸得着的人，不要是那种穿越了时空的虚拟人物。

我特别想强调一下，在我自己的粉丝和学员社群里，经常会树立榜样，每当有哪个小伙伴表现得好，我们就把他树立为榜样，用他的成绩来激励大家。通过这样的活动，几年来我们选拔出了一大批优秀的青年人，他们过去都是非常平凡、普通、没有影响力的年轻人，但他们靠着努力与坚持，从 0 到 1，成了人群当中的榜样和偶像，成了知名的 IP，对自己也对别人产生了积极的影响。

● 自己激励他人

第三种激励方式，是一种骨灰级的激励，自己做榜样。与其靠他人激励你，不如选择自己去激励别人，到最后反过来让自己坚持得更长久。

2019 年，是我坚持早起的第 20 年，这些年来，我每天早晨 5 点钟起床。这一年，在学员和粉丝们的呼吁下，我发起了一个名为"跟随萌姐早起一小时"的活动。按照这个计划，我要把自己每天早晨的起床时间从五点提前到四点，刚开始我有些犹豫，担心自己做不到，毕竟这需要改变 19 年的习惯。但是我随之想到，我是很多人心目中的榜样，要想激励别人，我必须对自己要求更高才行。

于是，我用了半年左右的时间，一咬牙，一跺脚，把自己的早起生物钟从 5 点钟调节成 4 点钟，并坚持了下来。因为提前了一小时起床，这一年我多写了一本书，而且腾出了更多的时间，阅读量也从过去的一年 100 多本，提升到近 200 本。

早起的力量是无穷的。这里的一个核心就是，你是不是愿意让别人知道你早起，以及你是不是能够真正作为人群当中的引领者，而不是一个参与者以及一个跟随者。**我们需要做到凡事提前，引领更多的人去实现自己的目标。通过他人的目标实现，推动自己的目标实现。**

时间是你的见证者

在我设计的《赢·效率手册》中，"赢"字有着深刻的含义，在战场当中，肯定有人成功，有人失败，但所谓的赢，一定是一个比较级的概念，你一定要赢过谁才行。我认为那个"谁"很关键，这个"谁"不是你的敌人，而是过去的自己。

如果你长时间对时间是有记录的，就会知道，现在的自己要比过去的自己强一点点。如果你不做记录，你的过去是无迹可寻的，你怎么知道自己是否有进步？又进步在哪里？这就是为什么每一年我们都要用效率手册，去把自己的时间记录下来。

说了这么多，最终还是要落实到大家的具体行动当中，用《赢·效率手册》和《总结笔记》的各位伙伴，请一定要坚持每天记录，让自己的脚步能够被看见。

CHAPTER *4* 第四章 修炼你的硬本领

生率
人册
效
手 塑
重
升级版

01
10000 小时定律的应用价值

这一章我们讲述的内容是 10000 小时定律。在第一章我跟大家介绍了七个人物法，并据此找到你要修炼的硬本领，每天进行修行，可是到底该怎么进行呢？我推荐给大家的方法就是 10000 小时定律。

10000 小时定律

●评论

我相信很多人对 10000 小时定律都不陌生，在我的时间管理课当中曾提到过这个万能的定律，以及它的应用价值。我个人就是 10000 小时定律的受益者和践行者。有人可能会质疑，萌姐，你当年用"1000 天小树林计划"学英语的时候，还没什么 10000 小时定律呢，你这不是瞎说吗？还有人会说，10000 小时定律是抄袭别人的理论。对于这些质疑的声音，我的回应是，再好的理论，不实践应用到你自身，也是没有任何价值的，只有让理论给我们的生活、工作和学习带来变化，理论才有价值，所以这个理论到底是谁原创的不重要，我们能用它提升自己才重要。

●背景

提出者：安德斯

首先，介绍一下 10000 小时定律的背景，10000 小时定律从何而来？在这里，不得不提到两个非常著名的人物，一位就是 10000 小时定律的提出者，美国佛罗里达州立大学的教授安德斯·埃里克森，他当年在研究专业的运动人员以及世界级的音乐家和国际象棋大师的时候，提出了 10000 小时定律。10000 小时定律的研究背景，并不是以管理学作为基础的，埃里克森教授认为，如果想精修一项技能，比方说艺术、体育这些技能，一定需要反复的训练，才能够熟练掌握。

埃里克森教授还提出了一项疑问，就是：每个人到底需要多少时间，才能在各自领域达到巅峰的状态呢？通过大量的研究，他发现需要 10000 小时，其实这是一个基本的时间底线和要求。他还提出进一步的研究发现，一个人花费越多的时间进行精细化训练，就越有可能做好。

格拉德威尔的《异类》

提到 10000 小时定律，必须还要提到另一个非常著名的人物，那就是格拉德威尔先生，他写了一本著名的畅销书，叫《异类》，这本书于 2007 年问世，其中文版的封皮上赫然写着：不一样的成功启示录。这本书讲述了 10000 小时定律，跟埃里克森教授有相同的观点，一个核心思想就是，你需要不停地重复训练，练习得越多，你就越有可能达到这个领域的巅峰。格拉德威尔先生在这本书当中还首次提出了 10000 小时定律的法则，一个人在学习的过程当中，如果想要完美地掌握某项复杂的技能，就需要一遍又一遍艰苦地训练，而且这个练习的时间，必须达到最小的临界值，那么这个临界值是多少呢？就是 10000 小时。

很多人跟我说，他们觉得 10000 小时太长了，自己根本就没有可能坚持下来，而且到底什么是重复的训练？那么在这一章，我就按照我基本的讲课逻辑：问题—原因—对策—行动，把10000小时定律的主线尽量讲清楚、讲透彻，当然也会拿出实际的案例，包括我个人的案例，来跟大家分享。

自我剖析

关于 10000 小时定律，人们通常会有三种反应，我将之分为三类人：

● **第一类人，浅尝辄止。**

他们可能很愿意去尝试 10000 小时定律，但当他们付诸行动的时候，却发现自己根本就不知该从何处入手，因此就放弃了。更有甚者，找了一堆理论去证明 10000 小时定律是错的，根本就没有用：你看有人看了一辈子大门，也没能成为一个安保专家。

● **第二类人，畏惧坚持。**

看到 10000 小时定律的字眼，立即就开始换算，觉得有点道理，很想提升自我，而且非常有提升自我的迫切需求和动力，可是他们不自信，认为自己根本坚持不下来，因此就有点畏首畏尾，不敢去尝试。

● **第三类人，践行者。**

他们每天早上起来，就开始从事跟 10000 小时定律相关的事，并且这类人一般会朝着目标一点点去奋进，虽然偶尔也会遇到一些实战当中的挫折和困难，比如对于学习的进度很难把握等，但这并不妨碍他们的脚步继续前进。

第一类人永远不会深入地坚持去做一件事，他们根本就无法开始。找工作的时候也是这样，这家公司待几天，觉得不开心、不如意，马上跳槽，而不是想办法把问题搞清楚、想明白，他们非常怕麻烦。第二类人，其实往往有坚持之心，但是有一些怯懦，一想到要坚持这么久，他们就不耐烦了。他们是近期利益既得者，目光短浅，只能看到近期利益，看不到远期的展望，一想到困难就打了退堂鼓。

可能有人会说，他明明已经坚持了 10000 小时，为什么没变成专家呢？比如他这辈子吃饭、喝水、睡觉都超过了 10000 小时啊。这就涉及界定的问题了，不是说你经常机械性重复毫无技术含量的事，就是践行 10000 小时定律了，你要坚持和重复的是一种学习，一种提升。

每一个成功人士的背后都有"坚持"二字。只不过，有些人的坚持和训练，开展得特别早，俗话说就是开窍很早，所以他们成功了，但是有的人就是开窍很晚，甚至一辈子都没开过窍，所以就有了成功与失败之分。通过我们的调查，发现这个世界上的人，往往是第一类人和第二类人比较多，他们也有一定的成功欲望，也都喜欢幻想，对未来也有美好的憧憬，但是谈到深入，谈到坚持，谈到遇到困难时迎难而上，一定要打败困难时，他们就开始退缩了。

10000 小时的误区

在我的课堂上，有一位做人力资源工作的学员，他来问我说：萌姐，我大学学的专业就是人力资源，毕业之后我希望能够成为一名人力资源领域的专家。我每天全情投入工作 8 小时，一周五天，一共就是 40 小时，现在我已经差不多工作了五年时间，已经达到了 10000 小时，我为什么还没成为人力资源领域的专家呢？我甚至连主管都当不上。

事实上，怀有同样疑问的人并不在少数。他们最大的错误就在于，用一种非常简单粗暴的方式去统计 10000 小时。如果只是凑够 10000 小时就能量变引发质变，所有工作 10 年的人岂不是都成了顶级大师？岂不是人人都能拿到百万年薪了？

对策

● 人生电池图理论

10000 小时定律，不能光用时间衡量，必须破除这种错误的迷思。那么，为什么我们不能及时修炼硬本领，相应的对策是什么？

首先，让我们回顾一下人生电池图理论。每个人都要把自己当作一块不能再次蓄电的电池，跟手机电池不一样，手机没电能充电，人生这块电池，没电就报废了。时间就是这块电池，浪费的时间永远不可再生，生命同样也是这块电池，过去的日子一去不复返，每个人一定要不断地去问自己，我生命的有效时间还有多少？

这个思考以及自问自答，最好每年进行一次，千万不要等问题出现了，着急的时候再去临时抱佛脚，你要随时意识到自己的时间不够用了。90 后目前的有效奋斗时间已经过了 1/3，还剩不到 2/3，像我这样的 80 后，有效的时间已经过去了近 1/2，还剩下一半，70 后的朋友，3/5 已经过去了，不到 2/5，50 后的朋友，也可以自己算一算，请问你的有效时间到底还有多少？

● 计算自己的可支配时间

我每周六有一个习惯，就是写周报，也会根据人生电池图看一下时间的变化。在写作这本书的时候，我也在不停地问自己，今年都过去这么久了，你的年度计划目标有没有完成？跟时间相匹配的进度呢？这种反思是特别重要的。每个人都必须知道，自己还能拿出来的有效奋斗时间，或者说还有多少小时可以用来修炼自己的硬本领以及实现自己的梦想，而不是眼睁睁地看着别人去实现梦想。

人们在非常年轻的时候，总是觉得自己有人把人把的时间可以浪费，比方说 90 后和 00 后，他们每一天无非就是上学、放学和休息，他们一般都还没成家，还没有太多的烦心事，各种生活压力，统统不需要他们去考虑，那现在就是你们修炼硬本领的最好时间了，你有大量的时间可以自己来支配。不像 80 后，他们现在上有老，下有小，中间有工作压力，可用来自己支配的时间少得可怜。

● **现在开始，永远不晚**

很多 80 后的朋友在跟我聊天的时候感叹，自己开窍太晚了，如果早十年认识萌姐，现在一定会是另外一番天地。很多大学生朋友也跟我说，如果可以早认识萌姐，可能自己现在已经考到北大清华去了。

其实我想说，人什么时候开窍都不晚，没有什么时候是最好的时候，最好的时候永远是现在，当下即是最好的奋斗时光。冥冥之中自有原因，不必为过去没有早点开窍而悔恨，因为每个人的人生都有不同的安排。

前一阶段，我做了亲子时间管理课程，给很多的小朋友讲时间管理，今天我还收到了一些妈妈的留言，说她们听完课回去之后，孩子不知道怎么了，发生了很大变化，没想到以为是大人听的课，结果孩子们比大人们听得更欢，而且孩子们一旦想清楚了，就朝着目标去做了。所以我想说，如果你自己对于时间已经不确信的话，没关系，你可以拥有更好、更高质量的时间去教育你的下一代，但是，你应该抓住此刻，此刻就是你自我迭代的最好时间。

●变被动为主动

前文我讲述了跟时间管理相对应的内容，每一个人都需要对自己的时间有一个了解，你要知道对自己来说，这 0 到 24 小时，什么是可控的、什么是非可控的，而且你对于时间质量的高、中、低要清晰地把握。在我们下班加油站的微信社群里，有一位班长，他是一个超级奶爸，白天得负责企业的工作往来，晚上还要边哄娃睡觉，边塞上耳机听萌姐的直播。其实哄娃是一个不可控时间，这个时间由娃说了算，你控制不了，但是如果你硬是把这个时间变成建立自己的泛学体系的修炼时间，用被动的方式，比如说戴耳机听课，其实就把被动变成了主动。

如果你是一个初入职场的 00 后或 90 后，现在就是你人生中最好的可控时间，你的努力比那些下了班要边哄娃边听课的人，效果要好得多，所以，你越早投入 10000 小时的修炼，效果就会越好。以学英文为例，如果你想达到精通的状态，就必须通过 10000 小时定律法则来进行修炼，如果觉得 10000 小时好难，不知道如何下手，那只是因为你还没有真正地掌握方法。大家不妨回顾自己的人生，浪费在毫无意义的事情上的时间，是不是早就超过了 10000 小时？那些已经浪费掉的时间，全都是你再也找不回的宝贵财富。但就像上文中我说的那样，你何时开窍都不晚，何时开始学习，何时就是最好的时间。

就从现在开始，给自己定一个目标，通过七个人物法定义出你要修炼的至少三项硬本领，然后充分应用起你的业余时间，用至少10000小时的时间，把它们修炼好。通过坚持不断的练习，你一定会从新手变成专家，你在效率手册上记录下的每一天，都将是你在通往成功的道路上留下的足迹。

02
10000 小时定律的使用规则与刻意学习

上一节，我简单介绍了 10000 小时定律的起源，以及在我们生活当中会遇到哪些问题，导致我们修炼不出硬本领。这一节，我将继续分析 10000 小时定律的适用性是什么，它适用于修炼什么样的技能，它的累加性法则和反馈机制又是什么。

10000 小时的适用性

首先，我们不能通过 10000 小时定律来练习硬本领的原因是什么？这就涉及 10000 小时定律的适用性，讲到适用，自然会有不适用，10000 小时定律不适合什么技能的修炼呢？请记住，它不适合大家去做那些简单的、重复的、机械性的劳动。

什么是简单、重复、机械性的劳动呢？比方说，零技术门槛、零经验值、零逻辑或者是零知识性的事情，更具体一点，也就是拖地板、洗抹布、洗碗等，这些事情做的时间再长，也不会产生任何经验性的价值。

10000 小时的使用法则

● 0×10000 法则

单纯的低等工种，任何人无须接受什么复杂的技能培训，很快就可以上岗，即便你在这些事上花费了 10 万个小时的时间，在自我提升方面也是零回报。也就是 0 乘以 10000 依然等于 0。10000 小时定律的一个基本适用原则就是，需要有技术门槛作为前提。

反之，技术难度越高的事情，你在上面花费的时间越多，就越有可能修炼好它，也就是说，它的时间价值也就越高，这就是为什么时间投资具有性价比。

● 累加法则

10000 小时定律，还必须以累加法则作为前提。

累加法则的含义是，每一件事情都是在之前做的事的基础之上进行累加，从而产生效果。比方说，要学会一项技能，需要学会一千个动作，你便可以把它们分为五个动作一组，分组去进行训练，一共是 200 组，每一天就像打怪兽做任务那样，把这一组的动作训练一遍，最后再把它们拼装起来。在修炼第一组动作的时候，你可能是零基础在修炼，但修炼第二组动作的时候，就是在第一个组合的基础之上进行累加了，这时产生的效果就叫作累加效果。

以学英语为例，无论是考四六级，还是托福雅思，我们都需要背足够量的单词，每一本单词书都有好几百页。很多人在背单词的时候，永远只停留在前几页，始终无法把整本书背完，这是为什么？因为他们每次都是从第一页开始，没有做到持续性地累加。

阅读一些理论性特别强的书籍也是一样，阅读的顺序都是从第一页开始，看到最后一页，但往往很多人卡在前三页，一直无法继续往下看，因为他们每一次阅读之间相隔的时间太长了，已经把上一次看过的内容都忘了，所以他们每一次都得从第一页重新看起，这就是一个死循环，这也是读书没有计划的体现。

学游泳也是这样，教练会把动作拆分，一个一个地教给学员，如果之前那个动作没学好，后面的动作很可能就没办法学好，只有一步一个脚印，把手、脚和呼吸的动作都逐步掌握，才能最终产生累加效应，学会游泳。

学舞蹈、学钢琴……学习每一种硬本领，都是如此，如果不能在之前的基础之上进行累加，就会导致一切行为都是孤立的，无法产生连续累加的效果，即便你总体上花费了很多时间，获得的回报也依然很少甚至是零。

● 总结机制以及反馈机制

听过我的课的人都知道，我是一个特别强调互动性的老师，每一次上完课，我都会尽快地给大家回复问题。这也是我建立微信社群的原因，因为在社群当中，回复问题比较方便。没有加入社群的小伙伴们，请尽快加入我们的微信社群，及时跟我反馈你的听课感想，我会尽可能地为你答疑解惑。

作为一个老师，在讲课之后，收到同学们的反馈是很重要的，他会把同学们提出的问题，集中归纳到他的课程内容当中，再进行梳理和反馈。10000小时定律的反馈机制也是同样的道理。

我从2010年开始做企业家的演讲教练，在我的母校北京师范大学开设过《实用演讲与口才》的本科生课程，每当我训练学生做演讲的时候，都非常注重他们是不是运用反馈机制来进行梳理，帮助提升自己的演讲能力。任何人做演讲的时候，观众都会有一些微表情，有的时候，一个观众鼓掌，不代表他真心认同演讲者，而是因为他周围的人鼓掌了，所以无论是教师还是演讲者，能够准确和及时地留意学员或观众的反馈，是非常重要的。

我会建议我的学员们，在演讲的时候拿两台录像机，当然也可以是两台手机，一台录自己，看自己的表情以及节奏，为之后的自我评估环节留档；另外一台录学生或听众，他们如果都低着头去看手机，说明你的演讲稿或你的演讲表述并不精彩，如果他们有的时候抬头、有时候低头，你就可以相应地判断出他们对你说的哪段话感兴趣，又对你说的哪段话没兴趣，有的时候他们听得津津有味，你就一定要捕捉你到底是如何进行表现的。两台录影机比对结合观看，你就能清楚地知道，你到底做了什么事，吸引到了观众。

以演讲为例，你会发现反馈机制是相当重要的，如果你自己做一项能力修炼的时候，得不到反馈，你就不知道你做得对还是错，以及你需要如何进行修正。这就是为什么会有老师或教练的职业存在，他们会一直在你身边，不断地给你回馈，告诉你哪里做得不对、哪里做得不好，应该如何调整、如何完善。

作为一个作家也是这样，我出版过两本跟演讲相关的书，一本叫《告别演讲恐惧》，另外一本是我的译著，叫《主宰演讲台》。作为一个作者，当他出书的时候，他也要不停地收集读者的反馈，我个人会非常注重新浪微博这个平台，因为我的读者大都会通过微博去关注我，给我提问、留言，和我互动。我的第七本新书《加速：从拖延到高效，过三倍速度人生》一出版，我就组织了一个千人社群，但凡阅读了这本书的人，都可以免费进群，我会问他们很多的细节问题，给他们出思考题，带他们去读书。通过读者的反馈，我就会发现，这本书在哪些方面写得是没问题的，在哪些方面仍然有问题，我就会在下一本书《精力管理手册》中进行改善。

当然，10000 小时定律当中的反馈机制，是别人给你的反馈，也可以是自己给自己反馈，总之，你要建立一种方法，知道自己做得怎么样，这样你才能做到不断优化和提升。

刻意学习

接下来我再跟大家提出一个概念，叫"刻意练习"。这也是一本书的名字，这本书的作者是埃里克森教授，他在书中谈到了多个知识点，其中就有关于有效学习跟 10000 小时定律的内容。《异类》的作者格拉德威尔先生提出的 10000 小时定律，与埃里克森教授提出的刻意练习，有一脉相承之处。

●第一，学习区

如果我们的学习，能在专门的学习区进行，就再好不过了。我其实特别反对用碎片化的时间来进行硬本领修炼。我认为但凡要做一件伟大的事，也就是 10000 小时定律适用的事，你就需要拿出整块的高质量时间来进行修炼。在《刻意练习》这本书当中，埃里克森教授也提出了相对应的概念，就叫"学习区"。以我个人的习惯来说，我每天早上 4、5 点钟起床，这个习惯已经坚持了近 20 年，真正地融入我的血液当中了。起床之后，从 4 点或 5 点到 8 点，这三四小时，就是我高效学习的时间，我一般用这一大段时间，去做那些重要但不紧急的事，也就是修炼硬本领，完成 10000 小时定律的训练。

每一个硬本领的通关，我都是在每天早晨这三四小时的学习区完成的。这符合《刻意练习》这本书里，埃里克森教授的精神内涵。

● 第二，注意力

为什么我选在每天早上学习呢？因为这个时间是我的注意力最集中的时候。每个人的精力旺盛时段是不一样的，有的人适合做百灵鸟，有的人适合做猫头鹰。以我个人来说，早起之后的那段时间，是没有人会来打扰我的，整个世界非常安静，但是晚上的时候，朋友圈依然活跃，邮件时不时会干扰我，各类社交软件都在嘀嘀作响，各种社交活动也都会持续到很晚。唯有早晨，我可以不受打扰地学习，可以以主动的方式，沉浸到全情忘我的心流状态，达到注意力的高度集中。

我曾经多次讲，**注意力的集中一定是内在和外在的高度统一，内在上，你的精力完全集中，外在上，一切干扰因素都没有。这样的时间区域，如果你不用来学习、不用来修炼硬本领，简直就是对生命和时间的极度浪费。**

● 第三，大量重复机械性训练

还是以学英语为例，很多人觉得学英语是一件挺困难的事，那是因为你不会学，老师也没用最合适的方式教你，或者是你学习英语完全是为了应试，没有自发的积极性。而在我看来，学英语只要掌握了高频词汇，以及词根、词源的构成方式，学起来就非常简单了。这就好比学习汉语，要先学习偏旁和部首，然后通过它们的组合，去猜整个字的含义和读音。

学演讲、学销售技能、学个人品牌、学社会资本……学各种硬本领，其实都不是困难的事，真正让你觉得困难的事，是坚持。那些能够做到从不会到会的人，都是做到了知行合一的人，他们在刚开始起步的时候，也跟你一样一无所知，但是他们能够坚持大量的重复训练，坚持积累学习 10000 小时，最终才获得了成功。

●第四，有效反馈

　　跟 10000 小时定律的内容一致，在《刻意练习》这本书里，埃里克森教授也讲述了建立反馈渠道的内容，把你学到的知识反馈给你的意识，需要重新复盘，总结和评估你的工作。

03
目标法则：为自己的人生设置一个里程碑

行动方法

●案例

前段时间，我跟一个闺密约会，她在日本东京大学读博士，是世界上第一位动漫史的博士，每次聚会我俩都要进行头脑风暴，各自复盘过去一年，并相互点评。我的这位闺密有一个很好的习惯，那就是她每年都会点亮一个新技能，比方说做日本料理、陶艺、油画和糕点制作等，而且她不是泛泛地学，这些技能都是她职业生涯中的必备元素，对她的艺术跨界以及未来人生有重要的影响和价值。

●每年点亮一个新技能

虽然理念有所不同，但我发现很多的成功人士都依然在不断修炼和完善自己的核心竞争力，也就是硬本领。无论他们已经登上了多高的位置，依然坚持每年点亮若干新技能，这些新技能不是三分钟热血，也不是跟风赶时髦，而是对他们未来的发展真正有价值的硬本领。

他们在修炼硬本领这件事上，做出的投资大致分为三部分：第一是时间投资，第二是精力投资，第三是财务投资。并坚持对这些领域的硬本领做垂直训练。

●九大招式

在前文介绍 10000 小时定律的时候，我跟大家厘清了一些基本误区，这一节我来讲述具体的行动方法。要训练一项职场的硬本领，我们有哪九个招式可以帮助你更好地训练呢？请记住，这九个招式需要大家一个一个地，扎实地，不可或缺地，连接地进行掌握，每一项招式都要想清楚、搞明白，同时把它运用在自己的工作和学习中，并且能够坚持下来，持之以恒地付出努力。

如果你手边有纸和笔，现在我建议你在纸上画出一个圆圆的轮盘，就像一个圆形的钟表，将第一个到第九个招式，像钟表的时间一样，依次记录下来，最终形成一个闭环结构。

下面我重申一下学习时的要求：

第一，记录不如背诵。请你将九大方法尽量背下来。

第二，强迫自己将所学方法运用在学习实践当中。知行合一很重要，学习到多么了不起的知识都不重要，重要的是要在实践中将它的价值发挥出来。当然，在刚刚开始实践的过程当中，你会觉得很痛苦，需要慢慢地磨合，才能够得心应手，形成自己的思考逻辑，将这些方法嵌入自己的行为模式当中。

第三，坚持。不可以对自己要求放松或者是松懈。

能够做到以上三点的同学，请跟我开始学习修炼 10000 小时定律的九大招式，首先是第一招：目标法。

目标法

● 找到目标

在我喜马拉雅的"人生效率手册：时间管理50课"中，目标法一直贯穿始终。我有一个习惯已经养成多年，那就是做事之前，首先要把自己的目标想清楚，目标想清楚才能搞清楚思路，才能忽略奋斗过程当中很多不确定的因素，避免受到外界干扰，做到持之以恒。

但要做到这一点的确非常难。首先，要正确找到目标，就不是一件容易的事。在这本书的开篇，我就教给了大家七个人物法，通过这个方法，能够确定你的目标，并找到实现这个目标所要修炼的硬本领。如果大家有《赢·效率手册》这个时间管理笔记本，请你翻开第一页，左边映入眼帘的就是七个人物法的模板，按照模板上的步骤一步步地做下去，就能确定自己的目标了。

● 分解目标

不仅要学会目标的构建，目标的分解更为关键，一个大目标应该怎样分解成一个又一个的小目标？我们在开始10000小时定律的训练之前，要先把自己训练的目的搞清楚，而不是突发奇想地说，别人最近都在学英语，干脆我也学点英语吧，这是人云亦云，不是真正的硬本领。每个人的人生目标都不相同，别人的目标就是别人的，再好看、再漂亮也不是你的。我曾经多次讲，硬本领是具有人格属性的，就连你的时间管理风格也是具有人格属性的，你要学会找寻自己的风格，而不是一味地跟随别人，甚至也不能一味地跟随张萌，我只是教给你既定的逻辑框架和思维方法，因为我觉得思维逻辑才是万事的第一步。

确立了自己的目标，就要逼着自己把目标搞清楚，想明白，这是大多数人思维模式当中缺失的一环。我自己用了十几年的效率手册这项时间管理工具。过去，我都是从国外把别人制作好的手账买回来，差不多购买了200多款不同类型的效率手册，那个时候我好像有点手账收集癖。通过研究这些手账本，我发现很多效率手册的缺陷，都是在帮助大家做时间管理规划的时候，缺失了很重要的一环，那就是你的目标是什么。如果你连目标都没有，就算你再会管理时间，你又要用这些时间来做什么呢？这样的时间管理根本没有价值，所以最后，我创立了自己的时间管理笔记《赢·效率手册》。

●切忌人云亦云

我们首先要做的是确定目标，不断给自己灌输目标第一的法则。那么在你进行 10000 小时定律的自我修炼时，也一定要以目标为基础。再次强调，切忌人云亦云，如果你看见别人学习思维导图，自己也想报名学习思维导图，别人选演讲就跟风去学习研究表达，你永远都处于跟随地位，没有自主性，也没有主动性，终将一事无成。

●七个人物法

用七个人物法，你会确立一系列需要修炼的硬本领，比方说你的英语能力、你的个人品牌、你的演讲和写作能力，这些内容都需要你进行训练，但是当你把它们写下来的时候，一定要注意排序，要跟你的实际情况紧密结合起来。比方说，你现在是一个传媒学院的学生，每天都要学习新媒体的相关知识，恰好你的七个人物法推导出的硬本领，就包括新闻领域的知识，那么实际上，你每天上学就已经是在修炼硬本领了。如果你是一个职场人士，每天需要在工作中使用英语，做商务沟通，而你要训练的硬本领里刚好就有英语，尤其是商务英语，那么实际上，你每天上班的时候，就是在锻炼和实践你的硬本领了。

所以说，每个人的硬本领有自我调配性，即使通过七个人选出了三项硬本领，它们的顺序也不一定按照从多到少排列，而是要按照自己的需求和实际情况来排序！

总结

最后，我想做些补充和强调：

●第一，七个人物法不是确立你人生目标的唯一方法，只是帮助迷茫的你快速去定义自己到底要做什么，以及怎么样才能够做到的一个方法。

●第二，每个人的七个人物都不是一成不变的，我每半年就会调整一次，更新一下我的赶超目标。我有一个习惯，看到谁很厉害，我就会把谁的名字写在手机备忘录里，然后用业余时间去向他学习，向他请教，并且研究他是如何修炼硬本领的，看看他是不是真的符合我的七个人物标准。如果真的符合，未来的某一天，我就会把他的名字写到我的七个人物名单当中，向他学习，并且努力超越他。

04
时间管理的目标性法则如何指导10000 小时定律的实践

10000 小时定律与刻意练习修炼的九大招式，构成了一个修炼硬本领的标准性动作，是一个闭环结构，从一到九，大家需要一个不落地一一掌握，并不断地在实践当中重复训练。

上一节，我介绍了九大招式的第一招——目标法，这一节，我们就来介绍第二招——量化目标，也就是把学到的时间管理法运用到 10000 小时定律的具体修炼当中，做到融会贯通。

量化目标法

● 运用时间管理法

可能有人会问，怎么又讲回时间管理了？我的回答是，如果你能不断地把学会的东西运用到实践当中，而且能够把不同的知识体系互相结合，你才真正把它们变成了自己的知识。比方说，此刻我们就需要把时间管理跟 10000 小时定律相结合。在教学当中，我们需要先把知识点教给学生，再把线教给学生，然后再慢慢地把点连成线，把线连成面，最后再把面与面构成整体，也就是一个完整的知识体系。

当你确立了一个学习目标，首先必须要掌握的是时间管理的具体法则，这样才能够有条不紊地去实现目标。

●案例：写作与时间管理法

我曾经办过一个畅销书写作班，教同学们确立写作的目标、跟出版社如何对接、如何选编辑、如何做选题、如何学规划等，帮助大家从0到1地去成为一个畅销书作家。但殊不知，当我为了这个课程做前期开发，跟一些著名出版编辑合作的时候，就遇到了一些分歧。有的编辑认为，我们更多的时间应该用来教如何写作，但我作为课程的主要讲师之一，立即表达了我的一个不同想法，很多时候，作家写不完书不是因为他不会写，而是因为他没有做良好的时间规划，于是明明都跟出版社签了合同，却一直不能交稿。

在和那些出版编辑交流的时候，他们喜欢聊那些违约作者的事，明明说好了什么时候交稿，到了时间却交不了稿。我也问过喜欢拖延的作者，你的合同都签了，稿费也拿到了不少，为什么就是不交稿呢？很多作者的回答是：我特忙。这个回答令我非常费解。其实全职作家并不多见，很多作家都是身兼数职，我本人就是一边创业，一边写作。忙，是我们每个人都会面临的情况，那么为什么有的人就能身兼数职，依然按时交稿，有的人就不能呢？

所以，与其去教别人写作技巧，我觉得不如教大家规划好写作的具体时间，以及每天拿出固定的时间投入写作。写作跟平时做的事还不太一样，一般的事情你有时间就可以做，但是写作不行，你不是坐下就立刻能写出来的，而是坐在那里，沉浸在一个所谓的心流状态中，忘掉其他的所有事，然后灵感涌现，才能慢慢地化成文字流淌出来。正因如此，写作一定需要做时间规划，所以当我跟编辑们探讨如何开写作班的时候，我就坚持认为，如果不能做好写作一本书的时间管理工作，一个作者绝对不可能写出书来。

连写作都需要跟时间管理结合，那么 10000 小时定律，自然也需要跟时间管理结合。甚至可以更进一步说，做任何事情，我们都需要做好时间管理。时间管理本身就是一项硬本领。

●时间管理的重要性

很多人在用七个人物法的时候，很容易忽略时间管理本身就是一项硬本领。同样是两年时间，有的人只做了一年的事，但有的人做出了五年的成绩，那这两种人有什么差别？他们的根本差别就在于时间管理的运用能力和修炼。

很多人肯定觉得，时间管理能力不需要单独修炼了，但是我的看法正好相反。要做好你的时间管理，就要掌握好单点突破法，计划—实施—总结—评估—再次计划，构成一个完整闭环。每一天当你过完以后，都能够坐下来认真地梳理一番，这一天我多做了什么事，少做了什么事，为什么我做的时间规划没有实现，为什么我的事情没有做完？这些原因如果不评估的话，你是没办法开展你的时间计划的。

大多数企业和组织的预算，都是基于往年的决算以及来年的目标来进行确定的。那么，你这一年的个人的相关规划，你怎么去做？你的时间计划就相当于预算，你怎么做总结，就意味着怎么做决算。每一年都是周而复始的过程，生命就是一天连着一天地流逝的，你需要做的不仅是时间的计划，还需要做时间的评估，这才能让你的时间管理能力不断提升。

● 10000 小时的长度界定

有的同学向我提问：我学的是英文专业，我要修炼的硬本领里也有英文，既然我每天都要在上学时学英文，那么我自己修炼的 10000 小时，是不是就能缩短一点？

对此，我要给大家强调一点，其实 10000 小时定律里的"10000"，是一个虚数概念，它不是一个精准的实数，你不一定要严格达到 10000 小时，才能把这项能力训练好，有的时候可能你修练 5000 小时左右，就达到了你的既定要求。

关于到底要用多少时间，取决于两个因素。

第一，取决于你的目标。

如果你的目标定得很高很高，你就要付出特别多，才能达到目标。但还有另外一个角度，如果你现有能力已经很强的话，那你达到目标的速度就会很快，如果你现有能力很糟糕，你的目标又定得很高，那么你要投入的时间就会大于 10000 小时。

在讲"人生加速度"的时候，我曾经提出一个公式，人生要奋斗的加速度，也就是人生效率，它等于你的目标增量，减去你的个人存量，再除以你的单位可控时间，如果你的目标增量特别高，目标存量又很低，得到的结果肯定很大。因此，你的人生效率以及人生需要奋斗的加速度，必须够快，才能够过好这一生。

很多人过得不幸福，是因为目标树立得太高，现有能力又太差，每天可付出的时间又太少。我们经常看到一些数据，人类平均每六分钟就要看一次手机，这数字挺可怕的，相当于一小时要看 10 次手机，这个频率导致你的思路会不断地被"看手机"这个动作打断，你几乎无法长时间去深入思考和做一件事。如果你的时间永远都是混乱的、轻易被打断的，那你不可能拿出足够多的时间去训练你的硬本领！

第二，取决于你是否具备时间管理的能力。

如果没有时间管理的能力，你是不能够进行硬本领的修炼的，你的生活十有八九一团糟。以我个人为例，我创业很忙，这些年走访了很多国家。七年前，我给自己树立了一个目标，希望能够走访一百个国家，并且能够坚持写游记，于是每一年，我都会行走一些我特别心仪的地方，给自己放假，让自己拥有沉浸于其中的美好时刻。此外，我每年读 100 到 300 本书，每年出版至少一本书。同样是七年的时间，我感觉自己比一般人多活了不止一倍的时间，这完全得益于我的时间管理能力。相反，如果你把自己的生活过得一团糟，就要反思一下，自己是不是要好好提升一下时间管理能力了。

05
技能整合法：将知识为我所用

这一节，我继续给大家讲述 10000 小时定律和刻意练习的九个招式。

招式就是方法，九大招式共同构成修炼硬本领的闭环结构，大家需要一个不落地进行掌握，不断地在实践当中重复训练。

前面我讲述了七个人物法，相信大家都已经定下了今年的年度目标，也明确了自己要修炼什么硬本领。我还讲述了如何量化自己的目标，并把时间管理的四大方法与 10000 小时定律、刻意练习的修炼有效地做了结合。

本节要给大家讲述的是招式三：技能整合法。

整合的重要性

● 学习基础

我经常在我们微信社群中给同学们做答疑，看到两名同学的聊天，他们的对话是这样的：A 同学说，自己买了一堆课，学了一段时间，仍然感觉自己的能力没有提高，仿佛跟这个老师学一点，跟那个老师也学了一点，但是在实战过程当中根本不会用；B 同学是我的老学员，他说，其实你缺少的就是整合知识的能力。

●案例分析：拳击技能的分解与整合

学过中国功夫的人都知道，功夫是由一个又一个动作组成的，整套拳法要先分解开来，逐一练习，然后再组合在一起。我的业余运动方式是打泰拳，最早我学习拳法，就是一个又一个的动作反复训练，到最后实战训练的时候，才把所有的拳法变成一个组合，这两个动作配在一起，那三个动作结合在一处，五个连续动作做一套组合拳等。在实战中，教练往往会出其不意地攻击你，需要你快速而灵活地做出组合反应。所以，当你训练分解动作的时候，需要一遍又一遍地去看老师做示范，然后自己对照镜子去练习，如果有条件的话，你还应该请一个学伴去帮你纠正动作错误，而且千万不能着急，需要一步又一步地重复训练，确保每一个动作都精准到位，这样组合在一起时，才能爆发出应有的力量。

在实战中，除了灵活组合之外，你还需要预测敌人的招式，在大脑当中迅速把你过去所学的所有的知识，一一调动起来，自由组合搭配，任由你的大脑去指挥你的手脚，做防御或者做攻击。到了实战阶段，如果你还是按照老师教的方法去做，就是照本宣科了，如果遇到竞争对手不懂套路和路数，或者打破了你的套路，你的那点心思就是花拳绣腿了，恐怕你不只会输了这次格斗，甚至会丢掉性命。其实功夫如此，其他技能的学习也是这样，在学习的过程当中，技能整合法是一个很重要的学习方法，也是10000小时定律当中我们需要修炼的必备要素。

方法

●先分解，再组合

之前我跟大家讲述了时间管理的目标分解法，我们需要把一个个大目标分解成无数细小的目标，在技能整合的时候，其实就是逆其道而行之。还是拿学英语举例，听、说、读、写、译这五大领域，都需要你单独进行训练。但是当我们学习完以后，我们还需要进行听、说、读、写、译的大团结，把它们统统连接在一起，都应用到你的实践当中。对面走来一个外国朋友，他说话的时候，你要会听，锻炼的是听的能力，不仅要听，还得会说，他如果给你写一段东西，你不仅能够看得懂，同时还能读出来，旁边如果还有一个中国人的话，你还需要做翻译，所谓听、说、读、写、译五大领域，在实战领域是需要同步运用的。这就是一个技能分解以及技能整合的过程，你要学会把所有的小技能拼凑成一个大技能，这才是一个合格的硬本领修炼标准。

把零散的东西进行有效的衔接就叫作整合。

●硬本领的整合

那么，什么是硬本领的知识整合？我们需要把硬本领相关的知识点与其他领域的相关内容，一个又一个地修炼好，并且最终把它们连接在一起，结合不同的场景运用到实践当中，这个过程就称为技能的整合。

整合其实是一种归纳的能力，而在大多数情况之下，人们只会动作的分解。在职场中，一个人职级的高低，跟他的工作能力，尤其是整合和归纳的能力密切相关：职级低的人，一般做分解动作，或者他们更愿意从事分解类型的工作，比方说开一个创意会和头脑风暴等；而职级高的人，更优先或更倾向于去做归纳总结的工作，换句话说，他们是被工作磨砺以及训练出了归纳整合的能力。

● 知识宫殿的构造

遇到问题的时候，你会把这个问题拆解成一个一个的点，这就叫分解动作。比方说，三八妇女节即将来临，我们公司要策划一个跟妇女节相关的活动，你会把创意抛出来，然后把大事分解成小事，那就属于目标分解。但同时，还需要归纳和总结的能力。同样还是三八妇女节的活动，你有诸多创意，但是我们最终需要的是一个整合了所有创意的方案，这就需要整合能力起作用了。

修炼一项硬本领，不可能一天修炼好，因此我们必须知道哪些知识点是修炼这项技能一定要掌握的，我们一定要把它们修炼好，最终它才能组合起来，形成大的硬本领。还是拿英文举例，我们需要分别训练听、说、读、写、译的能力，但最终，我们需要将它们进行知识整合，形成整个知识帝国。关于知识整合以及知识帝国，我把它称为知识宫殿，这套理论我曾有详细的解读，此处不再赘述。

● 单点突破法

我讲课的时候，多次讲到单点突破法，这是我最喜欢的一套时间管理方法，包括计划—实施—总结—评估—再次计划。虽然它是时间管理课当中提出过的相应方法，但需要你能够在不同的场合当中、在不同的情景之下，灵活运用——比方说 10000 小时定律的应用场景当中、高效学习的场景当中甚至在你每天的工作学习场景当中——把它加入你的知识体系中。把不同的知识点整合为你自身技能的过程，就是技能的整合，你要去努力感受自己铸造的一个知识的宫殿，你要一层一层地垒，一层层地去铺砖，才能构建你自己的知识体系，乃至你的硬本领。

　　请记住，单一的知识点是不能够全方位地在体系当中得以运用的，如果我们不具备相应的知识整合能力，始终肤浅地在表面做文章，就一定不能在实践当中收获成功，也将始终不能在实践过程当中获得由内到外的体系性突破。

实践

　　那么如何完成技能整合？

● **第一，技能整合需要你去做刻意的练习，提升自己的归纳能力。**

　　遇到一些零散的知识点，你需要迅速地用大脑中的操作系统里把它们分类，这个过程就叫作归纳的过程，你需要把它们归纳到不同的范畴和不同的维度当中。

● **第二，你需要把每一个小技能，修炼到纯熟的程度。**

　　如果 10 分为满分，你需要把每项小技能都修炼到 7 分以上的水平，再做到知识性的整合工作，否则，基础知识点不扎实的话，上层建筑也就无法构建。比方说，你训练的是写作能力，那么词汇量就是你的基础技能，如果你没有足够的词汇量，写作中就会经常犯错误，词不达意。把每一个小知识点的基础打牢固，是一件很重要的事。

● **第三，请注意你输入和输出的系统要结合。**

　　你听到的、学到的和看到的，就叫作输入；你写出的、说出的和以其他方式表达出来的，就叫作输出。你需要学会把两个不同的系统完美结合。"学会"的最高标准是会教。

教是什么？教学就是输出，学习是输入。如果你能把一项知识点做到不仅自己学会，还能把别人教会，实际上你就真正地把输入跟输出完美地结合在一起了。

● 第四，技能整合同样遵循单点突破法。

技能整合也符合闭环结构，从技能学习，到总结、评估、反思，到再次计划，是一个学习的完整闭环结构，遵循了单点突破法。

● 第五，硬本领的修炼。

目标决定了你要整合到什么样的程度。举个例子，在我的课程微信社群里，有一个学生通过后台跟我联系说，自己学了七个人物法，觉得收获很多，已经确立了自己想做一名知识 IP 的目标。所谓知识 IP，就是通过知识赚钱的人，他也是一名自由职业者，特别希望能够在互联网中传播知识，最后让人们对他产生印象，购买他的知识作为服务。

他的想法非常好，我就说，如果你希望成为一名知识 IP，那么首先你要确定自己要讲述什么内容。他梳理了一下说，他过去在儿童心理学领域有一定的研究，也取得过教师资格证，还做过大学老师。我说，这样的话你做一名知识 IP 就非常适合了，因为你有一定基础，而且你能够讲跟家庭教育相关的内容，但这样还不够，如果要成为一名互联网的知识 IP，你一定要超级了解互联网本身，正好我有一节个人品牌的线上课程，建议你学一下。他听从了我的建议，学习了这门课程。三个月后，他个人的公众号做起来了，同时自己的微博也经营得风生水起，现在他的微博也已经有相当大的粉丝量了。他的整个事业，不论是传播母婴领域、家庭教育领域相关的知识，还是他作为媒体品牌本身，都产生了广告价值，再加上他对电商产品也有一定的了解，最后通过电商，产生了收入，这其实就是硬本领修炼成功的案例。

事实上，我还问了他一个很重要的节点，就是你希望自己拥有多少粉丝呢？他跟我说，希望自己能够通过一年时间打造，拥有 3 万真实的粉丝量。我认为这个梦想是可以达到的。后来我们还专门开展了知识 IP 的培养计划——知识 IP 商学院，用一年时间让大家把互联网品牌属性以及在这个领域的知识属性打造出来。

3 万粉丝，就是他的目标，围绕这个目标，他实现了三种变现：第一是课程变现；第二是因为他有粉丝，所以广告变现；第三是电商产品变现。为了这件事，他给自己也做了三方面的投入，第一方面是时间投入，他用了大量的时间去整合知识，包括用于做内容的开发，以及生产平台的研究等；第二方面是投入了精力成本；第三方面当然是资金成本投入，为自己的技能买单。

在技能整合的过程当中，我所讲述的这五点，都是大家必须要思考的，一点都不能落下，我希望这五点能帮助你去反思复盘。大家如果想训练自己的技能，并且完成技能整合，一定要对本节反复温习，把理论应用到实践当中。

06
准确模仿法：让学习更高效

快速学习

职场硬本领是你竞争力板块当中最重要的部分，也是你在职场当中不可被替代的原因。一旦确立了你要修炼什么硬本领，那么这项硬本领就是你今年最重要的目标，一定要把它死磕地攻下来。

前文，我已经讲述了目标法，确立你要学习什么硬本领并量化你的目标，用时间管理四大方法为你的目标保驾护航，将零散的知识点整合成一个又一个完整的技能，同时还阐述了技能整合法的重要性。这一节，我将讲述学习一项硬本领的重要环节及模仿法。

掌握了模仿法的精髓，将会帮助你迅速踏上学习硬本领的道路。中国现代著名作家茅盾先生说过：模仿就是创造的第一步。模仿是学习的最初形式，让我们来回顾一下自己的小时候，我们的动作语言乃至行为习惯，都离不开模仿，从蹒跚学步到牙牙学语，无处不在模仿。心理学家认为，孩子的社会化发展，是从模仿开始的，呱呱坠地的新生儿，一出生就具备了模仿能力，通过模仿，不仅能够复制别人的行为，而且能够最终形成自己的风格。学习书法的时候，刚开始老师总会让我们临摹书法家的作品，这就是模仿的环节，也是学好书法这项技能的必备环节，许多成名的书法家最初都是从临摹开始的。

当然，模仿不是单纯地傻练，模仿也有一定的技巧，掌握方法最重要。有智慧的人会把模仿的环节编制成一套属于自己的程序，让自己从一开始就学习到新知识。一旦进入自己编制的程序当中，先做什么事，后做什么事，井井有条，十分清晰，让自己进入学习的快速轨道当中。而愚笨的人始终不得要领，只是一遍遍地去做，每次都是从 0 到 1，始终没有进一步的突破。我曾经错误地认为，只要坚持重复去做就好了，只要有量变就一定能引发质变，后来我认识到了自己的错误，我学习不是为他人而学，不是为考试而学，不是为老板而学，是为自己而学。学习是一个不断进化的过程，学无止境，学习这个动作跟我们吃饭、睡觉、刷牙、洗脸一样，是需要重复地一遍又一遍地贯穿在整个生命当中的，但不讲方法的盲目重复，只是自己欺骗自己，这样的重复投入，没有任何价值和意义，只是对时间的白白浪费。

从前，我没有意识到反思和总结的重要价值，因此我的学习始终没有累加效应，当我终于想明白了这件事之后，就非常注重学习的模仿方法的建立，并通过实践，一遍又一遍地改善自己的学习基本程序。今天我讲的模仿法，来自我多年的实战经验，同时还有我与诸位大咖导师进行交流的结果，还有我的教学实践和与同学们的探讨梳理总结出的经验，我称它为准确模仿法。

准确模仿法包括三大部分，这三大部分缺一不可，需要在同一维度按照顺序一一进行：方法一，攻读相关领域的工具书；方法二，找寻跟随模仿对象；方法三，深度研究模仿案例。

读书学习

●读书

首先是阅读环节，这里的读书与一般意义上的读书不是一回事。在这个板块当中，读书不是用来陶冶性情的，而是需要带着明确的目标去读书。有一部关于家教的著作叫作《颜氏家训》，它的作者颜之推有一句读书观，能够充分表达出读书的精髓和目标性：积财千万无过读书。

这里的读书指的是工具书，能够帮助你迅速地了解一个学科的书籍。

●选书

如何选择工具书呢？这里面有很多大学问：

首先，最迅速也是最简单的方法，就是在当当、京东和亚马逊这些平台查看书籍的排行榜，看看最热销的、好评度最高的书是什么。但是我不得不说，我做下班加油站的时候观察到——当然只代表自己的观点，不代表官方发言——很多的排名数据，是营销的结果，一些书籍虽然销售数据好，但并不一定有真正的内涵。所以，排行榜只是一定形式的参考。

其次，我自己有一些很好的选书方法，比如以人为师的方法。我在跟一些专家学者朋友进行交流的时候，会请他们给我推荐一些书籍，说白了，就是请在某个领域具有 10000 小时以上训练的人来给我推荐这个领域的书。这类专家是我们需要找寻的对象，如果没有资源，你可能不能直接认识他们，但可以通过关注微博或者博客、微信号等方式，和他们建立联系，争取一切机会，向他们提问，请他们推荐书籍。如果对方是一个负责任的人，一定会推荐他认为真的读了很有用的书。

这是一个非常有效的方法。一般来说，这类专家推荐来的工具书，一定要精读，甚至要读三遍。

● 个人选书案例：以人为师

举一个我个人的例子。2016 年，我研发出人生效率体系，那个时候我在下班加油站 App 当中进行演讲，很多同学给我留言说，要买我的时间管理工具，辅助他们进行实战学习，争取每一天都能用到，每天都实践。可是那个时候，其实我一直都在用从国外带回来的效率手册，还没有用自己所画出的这套工具笔记。但是我一直都有一个习惯，就是改编自己买来的效率手册，很多效率手册我用着不称手，买回来后还要自己加工一番。这种方法我用了十几年了，一直没有把它变成所谓的商品，而且自己用手画的也不够美观。

后来，在学员们的强烈呼吁下，为了辅助教学，我干脆就把单位的设计师请了过来，真正地做出了一本属于我们自己体系的效率手册。我们第一批去印了几万本，瞬间就被抢光了，于是又印了第二批，立马又被抢光，没办法，又印了第三批。这个时候我就开始思考了，我们是做教育培训的，从来都没卖过东西，这个本子如此热销，我是不是应该做一个电商？那个时候我对电商行业真的不了解，手中也没有任何资源。

每天都有学员来跟我抱怨，说他们买不到我的《赢·效率手册》，甚至很多同学直接堵在我们的办公室门口，不让我们出来，就想要一本《赢·效率手册》，而得知我们已经有定制印刷的计划，大家就特别地激动。我想，如果从可持续发展的角度来看，未来我们希望能够通过工具去指导同学们的学习，那我就必须把电商做好。虽然我不懂电商，但是能通过以人为师计划来获取相应的书籍，自学成半个电商专家。有了目标我就马上付诸行动，开始在网络上搜索各种电商工具书。因为担心排行榜上的书籍不够实用，我就在自己的朋友圈，锁定了几位做电商的朋友，注意，他们都是从 0 到 1 把电商平台做起来的创业者，是真正在这个领域有 10000 小时的修炼的人。

我选了三位专家，向他们取经，让他们当我的老师，请他们给我推荐工具书，结果发生了一件特别有趣的事，这三位专家居然不约而同地推荐了同一本书，毫无疑问，这本书是这个领域最实用的好书。就这样，我节省了很多读无意义的书的时间，用最快的速度获取了电商领域的知识。我选书的这种方法是不是适合你呢？如果适合的话，你也赶快学起来吧。

现在，我可以自豪地跟大家说，我们自己的淘宝店已经开起来了，一共有三家店铺，其中《赢·效率手册》在淘宝网的早起文创官方店中有售，当然我们还有早起美妆官方店，在微店也有早起生活馆。如今，电商发展得风生水起，甚至获得一些榜单冠军，可以说找准老师，找准书籍学习，非常关键。

找寻模仿对象

人是知识以及行动力的集合载体，在一定的知识基础之上，我们需要向人学习，我把它称为以人为师，但是学什么很关键。

说到向人学习，我认为有三种方式：

●第一种，你跟这个人只是遥远的膜拜关系，你可以通过关注他的微博，把他写的书或者文章读完，当然，你也可以持之以恒地给他发私信，从而让他关注到你的存在，让他知道你是他的一位追随者，这就是第一步了。

●如果你有幸得到了他的关注，能够直接跟他对话，那么就可以进展到第二步：把你过去读过的他的书跟实践过程当中遇到的问题整理成一个问题清单，在适合的场合向他请教，比方说在他讲完课之后，或在任何他方便的时机，交给他。

●第三步，若他对你产生了进一步的关注，你有机会跟他单独会谈，你就可以大大方方地把你的问题都拿出来，包括你所记录的一些笔记，让他看到你的诚意、你所做的功课。

这个请教的过程非常重要，我把它称为以人为师，需要用人脉礼数来进行管理。我一年会向 50 位老师学习，而人际关系是需要维护的，大家可在本书的相关章节中了解管理人际关系的方法。

深度研究

在你读书以及向他人学习的过程当中，一定会了解到一些经典的案例，平时我们也要注重积累这些相关的案例，这是启发你灵感非常重要的环节，我一般会用一个所谓的收集瓶，把这些灵感收集起来。当然了，收集瓶只是一个比喻，这其实也是一套管理工具，也有相应的方法。在著名的商学院当中，案例学习其实是课程学习最重要的组成部分，要学习案例的历史及发展脉络，还有案例的关键性要素，比方说人、事件和时机，都可能会成为关键性的要素，同时还有案例的时代背景，因时代背景不同，很多玩法以及实现的思路，都会发生重大的转变。要学会对一个案例进行复盘，在我的课程体系当中，我不断强调复盘的重要性，因为我认为复盘才是智者和愚者的重要分水岭。

模仿与抄袭

　　在本节的末尾，我想提一下模仿跟抄袭的不同。模仿是你能够快速入门，进行学习的一种方法，学习的初始阶段其实就是在模仿。无一例外，所有成功者，最初都是从模仿开始的，只有学会站在巨人的肩膀之上，你才能有机会超越巨人。正确的模仿是学习别人优秀之处，弥补自身的不足，而不是完全复制别人的成果。此外，在模仿的基础之上，还要进行创新和改良。

　　模仿是我们学习硬本领的一个非常重要的环节，模仿的道路不会一帆风顺，你需要为自己设定一个准确的目标，持之以恒，遇到挫折也不能轻言放弃。

　　此外，如果你想通过模仿精学的话，我建议你要有一个好导师，身边有人指路和没人指路，效果是不一样的。如果你想模仿一件事，或者进行系统的学习，身边却连个老师都没有，很可能你看不懂别人的套路，看不懂别人的玩法，而一个优秀的指引者，能够帮助你看到很多你自己看不到的地方，重塑你的思维。

07
修炼硬本领时要设置里程碑

含义

　　为什么要在硬本领修炼中设置一个里程碑呢？这要从里程碑的含义说起。里程碑可以被理解为发展过程当中那些可以作为标志的大事。拿人生来说，在你的生命当中，会有一些决定性瞬间，突然因为什么事，你开始改变，这类事件是人生改变的重要节点。如果你还没有想到自己的人生决定性瞬间是哪些，没关系，我们不妨来进行一个自我复盘。

里程碑的分类

　　里程碑事件可以被分为两类：一是强制性事件，二是主动性选择事件。

● 强制性事件

　　我们来分别解读一下这两个晦涩难懂的概念。在你的人生当中，能够被称为里程碑事件的，基本可分为两种。第一种是被动性的事件。比方说，你上学期间的每一次期末考试，当然也包括中考或高考、工作的选择、结婚生子等大事，这类事件都是被动性事件，在你人生当中的这个阶段你必须做，如果你不这样做的话，就无法向下推进。换句话说，这类事件是你人生当中一定会发生的，而它一旦发生，你的生命就重新被定义。比如说，你小的时候学习特别好，结果因为小升初考试失败，被分到一所特别差的中学，被周围的差生影响，你原本可以拥有另一种人生，结果境遇就因为一次考试的失利而彻底改变了，这次考试就是你人生当中的里程碑事件，它有重大的意义。再比如说，你之前是一个独立自信的女性，还没有充分了解一个人的时候，就嫁给了他，两个人组成了新的家庭，婚后两个人性格不合，你非常不顺心、不如意，影响了你自己原本的诸多人生计划，婚姻没有使你们两个人一加一大于二，反而小于二，那么婚姻就是你的里程碑事件。还有种情况，你毕业后对自己的生活原本充满了向往，结果进入了一个与你的个人价值观非常不一致的团队工作，整日痛苦，发挥不出自己的聪明才干，与同事也没办法充分融合沟通，原本的人生向往彻底被击碎，那么这次就业也是你的里程碑事件。这些事件是被动的，也是强制性的，到了这个人生阶段，你不容分说地必须得做出这些选择，一旦选错了，你的人生就会被改写，但若不做选择，你的人生更加无法继续进展。

强制性里程碑事件的公式是：关键性事件＋时间要求＋奖罚标准。这个公式大家一定要记清楚，接下来我分别解读一下。

第一，即将到来的关键性事件是什么。如果错过了中考，就不要错过高考，如果错过了高考，就不要错过找到好工作，如果错过了找好工作，就不要嫁错人或娶错人。

第二，这个关键性事件给了你怎样的时间节点的具体要求。也就是你必须要在什么样的截止时间前，把什么样的事做完，错过了这个时间节点，你就一定会输，所以把握时间节点十分重要。

第三，你要提前预知。如果赢了这个强制性的里程碑事件，你会有怎样的奖励，或者是怎样有利的局面？如果输掉这个强制性里程碑，你将会有怎样不利的局面，你输得起吗？这都是需要思考的问题。

这三个关键点需要我们严格把控，你需要在效率手册对时间节点的具体要求中，把目标严格地列出来，一步一步地做。我在时间管理课程当中讲述过如何管理时间，目标管理加时间管理，就等于赢的局面。

● 主动选择事件

还有另一种里程碑事件，是选择性的里程碑事件。它是柔性的、主动性的，是一个人基于自我价值实现的目标来设定的里程碑计划，它也是基于自我激励法则的。你可以从两个方面来进行解读：

第一个方面是，如果前面的强制性里程碑你输掉了，而且你还想重新获得赢的局面，就需要重新建立一个里程碑计划，这就被称为柔性化的强制性里程碑。比方说，你高考失败了，你还可以选择成人自考，你分手或离婚了，你可以因而换一个更好的工作等，这些都是柔性化的强制性里程碑。在之前一局当中，你已经输掉了，现在你想重新开始选择人生，重新获取新生，重新实现自我，重新拥抱梦想，你需要下一个大大的决心，并把它设置为你硬本领训练当中的关键性的里程碑。

举一个简单的例子，同样是换工作，有些"小白"是通过跳槽来涨薪的。我前一阶段在面试自己的公关助理，前后面试了十几个候选人，其中一位是个女孩，她之前服务过两家外企，形象不错，做事机灵，业余时间还学习了播音主持，谈吐不凡，单位人事把她推荐给我。见她第一面的时候，我被她的外在所打动，但当我问她，为什么会从前两家公司离职时，她的回答是，觉得年轻就应该多跳槽，她的前辈以及师兄师姐都是这样教她的。而在回答对薪资的期望时，她说，自己现在的月薪是 6000 元，希望一年后是 10000 元。

我不知道大家听完她的回答后，是什么样的感受，当时我还邀请了几个合作方与我一同进行面试，我可以很负责任地跟大家说，我们听完她的回答都觉得很可惜。其实薪资是一个人的能力，也就是我常说的硬本领的衡量标准。如果是一个明事理的老板，你能力高，贡献大，自然就会有高薪资。刚开始每跳一次槽，可能会涨 1000 到 2000 元的薪资，可到后来呢，如果你真拿到了 10000 元的薪资，你能保证你拥有 10000 元的能力吗？不注重自我积累，还没有学到硬本领以及一家公司最可学之处，就急于跳槽，想通过调动工作来实现涨薪，真不知这是福还是祸。

同样是柔性化的里程碑，比如说换工作，它的意义可能是截然不同的。我最近招募了一位团队成员，属于我们的高管层级。在他心目当中，一直有一个梦想。之前的工作让他在自己的岗位上挣扎地做了几年，训练了一些硬本领，而且他一直在一个点当中不断地深挖自己，而他选择加入我们也是经过了两年的慎重考虑。这两年当中，我们聊过好多次，在价值观以及愿景上，都有深刻的认同。在这两年当中，他坚持不断地修炼，他最终决定来到我们这里工作，是因为他终于想明白了自己要什么，以及自己希望通过工作实现怎样的自我价值。可见，柔性化里程碑需要设立目标，但之前仍然需要完成单点突破法等一系列的训练动作，让原本输的局面重获新生。

此外，柔性化的里程碑还有狭义的概念，叫作阶段性的里程碑。阶段性里程碑一般都是短期的，它将为最终的里程碑做良好的铺垫。如果你想到达一栋楼的顶层，是需要建立一个又一个平台的，需要从一楼上到二楼，再上到三楼，最终慢慢上到顶楼，这个平台的设计，需要合理科学，它是保证你能够顺利登顶的基础。我从不相信速成，好事来得快，走得也快，万丈高楼也要平地起，没有夯实的基础，就永远不会有坚固的高度。

阶段性里程碑的设计，要做三方面的考虑：

首先，小目标的设立要围绕着总体目标来进行，不能偏离，不忘初心，方得始终。

其次，它一定要客观而现实，不能夸大你自己的能力以及实现目标的速度，当然也不能妄自菲薄。

最后，每个小目标的内部一定要使用单点突破法，要不断地反思与评估。

好了，里程碑的计划我介绍完毕，这一节的内容，依然包含很多前文的知识点，需要大家做好梳理与复盘。

08
抓住机遇：敢比会更重要

这一节，继续为大家讲述根据 10000 小时定律修炼你的硬本领的第六大方法：不能放弃一切可以锻炼自己的机会。

越舒服越危险

我曾经读过一篇文章，《定位越舒服，职业生涯越危险》。每个人内心都有一块舒适区，指的就是让你觉得特别踏实、很有安全感的区域。人们一旦进入了这种状态，就不想再走出去，也不想再提升自己了。但我必须要说，只要你对自己的现在不是 100% 满意，只要你的目标还没有实现，你就需要为自己投资，开启一种自虐模式。

可能有人会问，难道我们的人生就不能拥有舒适地带吗？当然不是，但你只有一个时刻可以去拥抱这种舒适的状态，那就是阶段性目标实现后，你一定要用犒赏自己的方法，让身心得到舒适和放松，进入阶段性的舒适地带。除此之外，你需要不断地去战斗，迎接一个又一个挑战，这就是有目标感的人生。

这一节，我要分享的主题是，不能放弃一切可以锻炼自己的机会，可以从几个方面进行理解：

第一，有机会就要去尝试

● 难以做到

我们每个人都有自己擅长的事情，但一定也有自己的短板，如果自己的目标恰恰与自己的短板相关，那么训练自己的短板，并让它成为优势所在，就是一件大事，一定要把它修炼成自己的硬本领。

比如说，你希望训练自己的演讲以及沟通能力，那么在设定好的战略地图之下，确定好怎么修炼的时候，就需要按照你自己的需求，努力寻求各类型的锻炼机会，通过不断的锻炼，训练并完善自己，这是非常关键且非常必要的。

● 学会自虐

首先是学会自虐。人性都是懒惰的，勤奋和喜欢给自己找不愉快的人，都属于异类。在 10000 小时硬本领训练过程当中，大家要为自己建立一个机制，即信息情报机制。什么是信息情报机制呢？就是每隔一段时间，就要搜索一下可以锻炼自己、展示自己以及锻炼自己这项硬本领的机会和平台。比方说，想训练演讲，就一定要争取一切可以在演讲比赛发言的机会，想训练沟通能力，就一定要为自己找到一系列的陌生人，以及难以沟通的人，去完成沟通的实战训练，并在每次训练的过程当中，使用单点突破法，从计划、实施、总结、评估到再次计划，做全方位的管控。

有朋友在喜马拉雅上给我留言说，萌姐，你讲话总是不断地重复，比方说单点突破法，就讲过好多次。那么，大家有没有想过，为什么我要在很多的地方不断地重复相同的名词呢？我的课程，从来都不是那种让你听后感觉愉快的课，它不是可以让你一边做着家务一边聆听的音乐，也不是百般搞笑让你开心的娱乐节目，这是一门课。几天前，我收到一位粉丝朋友的留言，她说，最初买萌姐的课程，以为是可以边干家务边听的，但是听了几节之后，发现不行，听萌姐的课程，一定得坐在桌边，拿出笔记本，边听边做笔记，还要画思维导图，之后还要再反复听，甚至有些课程，已经反复听了不下 20 遍。

如果你觉得我经常重复一些内容，听起来很烦，我只能说，你没有听懂我的课程，也没有学会我要分享给你的思维逻辑模式，更没有将知识点梳理清楚。知识点必须运用在各类场景之下，进行不同的组合，产生不同的效果。不是我词汇贫乏，才一样的话翻来覆去地说，而是因为单点突破法是一个极其重要的知识点，它也是一个极其重要的方法，一个知识点以及一个基本方法，一定要运用到具体的场景当中，千万不能看作高高在上的装饰。我们的知识一定要用来指导实践，要让你的思维像编程那样，遇到锻炼自己的机会，就能够去调取这些知识，活学活用，用理论指导实践。

第二，敢比会更重要

在成长的道路上，我们每个人都要学会去拥抱敢的力量。拿演讲来举例，有研究表明，在台下等待发言的这些人，比在台上发言的人更具恐惧感，而克服恐惧是敢的最重要部分。你千万不要认为自己不能做什么样的事情，你不能做是因为你不敢做，而不是你不具备能力去做，每一个人都是从蹒跚学步慢慢到健步如飞的。在恐惧面前人人平等，没有不恐惧的人，只有没有提前准备的演讲者。

第三，判断平台

我们要像雷达一样，去搜索什么样的平台对自己实现目标有帮助。我们一定要搞清楚自己的一个主要目标，以及附带的一些次要目标，让它们同步进行，而选择平台来锻炼自己，都是为实现目标服务的。比方说我们要训练英语，自然要选择相关的平台。我在锻炼自己做公众演讲不恐惧的能力时，就专门跑去兼职给婚庆公司做司仪，还专门给很多的企业家俱乐部做主持人，这些锻炼都让我真的积累了舞台经验。应该说失败越多，思考越多，不放弃每一次锻炼机会，就能够去收获成长，更能拥抱一种叫作梦想的力量。

判断一个平台是不是跟自己的目标相关，这就叫作选择平台，或叫作平台选择。平台必须具有可持续发展的能力，平台的资源基础也是你需要考量的要素，你还要思考，自己到底收获了哪些。

第四，舆论监督

说出自己的故事。你自己的故事、你的心路历程，你要勇于通过演讲、书写成文字或者拍成图片以及做成思维导图的方式，把它们分享给更多的人，你需要身边舆论的监督，监督能助你更好、更长久地去坚持，而坚持的力量是伟大的。

09
设置反馈与评价机制，让自己的努力看得见

评价

什么叫硬本领的反馈机制？学习反馈机制，你只需要记住两个字：评价。它是硬本领构建当中非常重要的一环。当我们开始训练和掌握某一领域当中的技能之后，就需要不断地强化，将知识点连成线，运用到实践当中。

评价体系可以从三个角度来分析：一是来自自我的评价；二是来自他人的评价；三是自我评价加他人评价作为一个综合的组合。

三个方面都需要根据自己的学习需求综合考量和加以运用。

首先，是自我评价

自我评价是自我意识的一种形式，是对自己的思想、愿望、行为以及个性特点的判断和评价。既然是学习硬本领，就一定要建立在反馈机制的基础之上，设置自我评价环节，这里有四个问题需要纳入评价体系中，分别是：

一、获取信息的能力。包括感知能力、阅读能力和搜索资料的能力。

二、加工、应用和创造信息的能力。包括你的记忆力、思维能力和表达能力，同时还有实践运用能力以及创造能力。这里的表达能力指的不仅是口头上的，更是指文字上的表达能力。

三、学习的调控能力。包括制定学习目标、调整学习计划、培养学习兴趣、克服学习困难等。

四、自我意识和自我超越的能力。你要注意，千万不要妄自菲薄。心理学研究发现，人们往往会倾向于认为自己的能力不如别人，容易形成一种自己比一般人能力差的自我评价，也就是容易过低地估计自己的能力，那些缺乏自信和处于抑郁状态的人，更容易如此。当人们遭受挫折的时候，也容易过低地估计自己。但也有的时候，人们会出现过高估计自我的情况，这都是不正确的自我评价。

2017 年的新年，我对公司全体成员提出了新年的寄语，只有一个字——赢。

赢，其实就是一个自我评价体系，不是要你去做一名人生赢家，也不是让你去跟其他人比，而是让现在的自己比过去的自己更勇于坚持，只要比过去强，哪怕只是一点点，都是赢。要让自己的努力成为自己的镜子，只有自己才最了解自己。

其次，是他人评价

他人评价的过程，可以从两个角度去理解：第一，评价的过程是一个对评价对象判断的过程；第二，评价的过程是一个综合了计算观察和咨询方法进行复合分析的过程。

由此可见，这是一个非常复杂的过程，本质上是一个判断处理的结果。既然是判断处理，就需要依照相应的步骤才能执行：

第一步，确立评价标准；

第二步，决定评价情景；

第三步，设计评价手段；

第四步，应用评价结果。

托福和雅思考试，就是对一个即将出国的人的英文水平评价标准，这个标准又是一个国际公认的标准。像我们英文专业毕业的人，基本都有专业八级的资格认证。高考的时候，我们都有一个录取分数线。这些都是来自他人的评价标准。这个标准的设计，一定是依照一系列动作完成的。

再次，是教会他人

当然，学会了自我评价以及他人评价，也没有到达设立反馈机制的最高境界。有人问我，学会新知识的标准是什么？有的人说是会用，我认为是会教。把所学的知识教给别人，需要你自己先学会，你自己做不到，自然不会教。你教会一个人，无形中自己就练习了一遍，你教会了一百人，就等于把这项技能在一百个不同的人身上练习了一百遍，并且是在一百个不同的场景之下，这是非常难得的自我提升机会。教是凝聚了自我评价以及他人评价的评价标准，其中蕴含了一系列的评价动作。

最近，在人生效率课程的各个班级社群中，我看到学员们自发组织了一系列的分享活动，真正地把学会知识做到了极致。光是听课不训练，真的只能求得一时快感，快感是美好的，但真的很短暂。培养自己这件事不宜迟，绝对不能等。所以即使自己有万般的不愿意，也要逼着自己去实践，去锻炼。

一、建立一套自我评价标准，在实践当中修正自我，提升自我。

二、在社群当中接受同学们以及师兄师姐的指导，接受他人评价。

三、争取到班级的分享会上做一名分享老师，把自己的所学教给他人，让学会变成教会，通过帮助其他同学解决问题，来提升自我。

其实不光是 10000 小时定律练就一项硬本领需要反馈与评价，在很多领域都需要。比如我们大家常常会用到的大众点评网、淘宝网、喜马拉雅等，都有相应的评价板块，这些非官方的点评行为，来自消费大众，他们的点评缺乏专业的依据，但绝对都是第一手的反馈，是商家迭代更新产品、提升服务质量的重要考量标准。

10
为自己的身体编程，坚信坚持的力量

为自己编程

昨天，我与公司的品牌官一起午餐，他问我，你每天工作强度这么高，是如何在这么密集的时间安排当中，保持不困倦的？我当时就讲述了人体编程法，这也是今天要跟大家分享的重要内容。

一旦开始学习"人生效率手册"这门课程，你就要开始为自己打造一个自身的编程系统。编程指的是人类为了解决相应的问题，借助计算机能够理解的语言，让计算机根据人类的指令一步一步地去完成特定的任务。身体编程的概念即来源于此。

习惯

说到为自己的身体编程，不得不提及一个大家耳熟能详的名词：习惯。

亚里士多德说，总以某种固定方式行事，便能养成习惯。

按照固定方式行事就是习惯的说法，习惯与编程在概念上是一致的，只不过我们的身体不如计算机听话。比方说，你让计算机每天早上 6 点钟响闹铃，把你叫醒，只要你前一天晚上设定好，第二天早上它一定会响，但是如果你前一天晚上没有休息好，早上 6 点钟能够自动醒来的概率就比较低，尤其是让你坚持每天早上 6 点钟早起，可能性就更低了。

人的身体需要编程，需要养成好习惯，需要坚信习惯的力量。如何给自己的身体编程呢？这是一门技术，也是一门学问。

屏蔽负面信息

负面消息无时不在，它影响着人们的心情，消磨着人的意志，慢慢还会影响人的身体健康，想从外界屏蔽它们，几乎是不可能的，只能从内部进行屏蔽，也就是进行自我保护。现在是信息时代，各种各样的信息无时无刻不冲击着我们的感觉和听觉，正面和负面的信息，都会对人脑造成干扰，从而影响到我们的情绪。使人高兴的消息对人的健康有益，我们希望听到和看到；对于负面的消息，我们要努力把它们屏蔽掉。那么，如何做呢？

可以从两方面解决这个问题：

一是屏蔽负面信息的来源，这是外部解决方案。

首先是外部信息，比如广播、电视和互联网，你要从中获取正面积极的信息内容，努力去筛选正面的信息。微博、微信和公众号都属于这个领域。

其次是我们要努力与那些心态阳光、传播正能量的人交往。如果你总与那些充满了阴暗、传播负能量的人接触，慢慢地你也会被他们同化。

二是加强自身的抵抗能力，也就是从内部解决。

从内部信息讲，加强自身的修养，多学习、多了解世界的新知识和新技术，不断提高自身能力，使自己成为行业、单位、学校、组织中的优秀人才，这样能避免他人的干扰，或是怨天尤人。

总之，内外兼修，努力做事，也就无暇顾及负面信息，长此以往，负面信息的影响就会降到最低点，屏蔽也就水到渠成。

自身编程

为了让计算机能够理解人类的意图，人们必须用计算机能够听懂的语言去告诉它，你该如何去做，你该按哪个指令一步一步地去完成。那么对我们自己的身体编程，也需要让我们的身体能够听懂我们的指令才行。身体虽然与大脑相连，但它们不共享一套体系，比方说早起，如果你不早睡，怎么能够坚持早起呢？这就一定是一个悖论。除此之外，还可以采用适当的外部刺激，选用有益的材质刺激身体的复苏，学会调动身体积极的力量，把最好的状态调动出来。

清空坏习惯

●清空自己

人就像一块 U 盘那样，如果你对自己的现在不满，一定要先学会清空自己，这样才能够装入新的内容。所谓的清空，也就是戒掉坏的习惯，才能慢慢地开始养成好习惯。

●九大方法

如何戒掉坏的习惯？以下九个方法能够帮助你：

1. 不论是什么事，先坚持 21 天再说。一旦自己做到了，马上就要用自己真的想要的物质奖励去奖励自己，做不到就给自己惩罚。一定要奖赏分明，才能形成激励效应，帮助自己坚持下去。

2. 凡事从小着手。改变诸多的坏习惯和坏毛病，应从最容易操作的入手，比方说过去你听讲座的时候从来都不记录，现在听课的时候就要开始努力记笔记，用康奈尔笔记法就是一种不错的选择。

3. 努力找寻一个人格榜样。这个人在某些方面优于你，每天你争取都能看到他，并能够看到他的微信和微博，你要全方位地去了解他，跟随他。

4. 养成的习惯，要努力把它们写下来。这个写下的动作，就是一次默念和一次重复，也是你对这件事情的认可。

5. 告诉你的一个朋友，或者把你要坚持的这件事发到朋友圈，充分应用舆论的力量对自己形成监督。以我个人为例，自从我开设了"喜马拉雅人生效率手册"这堂课，为了鼓励大家坚持早起，我每天早上起床后，都会发送一条 60 秒的语音信息。别小看这 60 秒，每天为了这 60 秒，我至少要努力 1~3 小时的时间，从写稿、背稿、读稿到音频的剪辑、上传，方方面面，非常不容易。但既然我决定要这样做，就把这个决心告诉了我的朋友，还发了朋友圈、发了微博，让大家共同来监督我，让自己的懒癌不复发。

6. 重复。重复能够了解这个坏习惯的坏处，并且你一定能够用条分缕析的方法，不断地告诉自己，它为什么是坏习惯。

7. 至少给自己三次尝试的机会。金无足赤，人无完人，要想养成一项好习惯，戒掉坏习惯，就需要给自己机会。

8. 参加一个正能量社群。社群能够为自己营造积极、正能量的氛围，如果你身边的负能量比较多，就一定要主动找寻正面社交的朋友圈，为自己营造正能量。

9. 做 > 想。千万别想那么多，从此刻就开始做吧。

11

情绪管理：五步实现自我激励

人与人的差别

这一节，我来讲述 10000 小时定律当中最后一个招式：自我激励。

人与人平时的差别并不大，但关键时刻却高下立现。在关键时刻，人们比拼的不仅仅是智慧，更是心理素质。

要拥有过硬的心理素质，自我激励非常重要。自我激励型的人格特质的实现，有以下五个步骤：

学会情绪管理，建立自身的减压舒压渠道

● 减少压力

情绪管理的关键，在于减压舒压。在高强度的工作、学习和生活当中，难免会发生各种各样不称心如意的事情，我们要学会做自我的调节工作，方能在那最关键的一刻，掌控好情绪，将坏情绪、恶劣情绪以及全体的负能量，装在一个瓶子里面。

● 336 呼吸法

你可以在遇到坏情绪的时候尝试 336 呼吸法：用鼻子吸进空气，让空气在鼻腔停留 3 秒钟，接下来呼气，坚持 6 秒钟。

这些数字并不是特别神奇，也不是绝对的，大家也可以练习 112 或者是 448 的呼吸法，这里需要强调的是，呼气的时间要比吸气的时间长。呼吸法能够给大脑提供更多的氧气，刺激副交感神经系统，降低呼吸的速度和心脏的跳动频率，使肌肉放松，血管膨胀，引发血液的流动，同时能够改善它。从根本上说，它给大脑传递了一个信息，就是一切都正常，无须抵抗或者逃跑。大家无论是在排队还是在堵车时，都可以用这个呼吸法，调节自己的情绪。

● 分散注意力

如果你正在为一些事情苦恼，那么请尝试去忘掉，不是真的忘得一干二净，而是转移注意力，使自己进入另一个角色扮演当中，比方说玩游戏、看电影、看电视连续剧、做手工、画油画、参加比赛或跑步，等等，这些方法将帮助你将注意力进行分散。注意力分散，可以让我们的大脑进入一个不同的更加轻松的状态。我是一个电影痴迷者，经常工作到深夜还跑去看电影，就是因为它是我找到的一个比较惬意的舒压方式。

● 吃甜食

香甜的奶油蛋糕、可口的巧克力、浓郁的冰激凌，都是不错的选择。营养学家说，上午 10 点到下午 4 点，是食用甜食的最佳时间，这也是为什么会有下午茶。在两餐之间的时段，适当品尝一下甜品，可以消除疲劳，调整心情，减压舒压。

但是甜品真的只能点到为止，并且餐前一小时不要吃了，以免影响正餐的食量，导致营养摄入的失衡。贪恋甜食还可能造成生理和心理上的依赖，医学实验证明，从某种意义上来讲，大量的糖分摄入，对大脑的副作用和毒品有异曲同工之效。如果让动物习惯性地摄入甜食，就会刺激它们大脑当中某种物质的产生，让它感到快乐，一旦停止了甜食的供应，它们就会感到痛苦，烦躁不安，大脑当中的化学物质就会失衡。这种现象与毒品上瘾非常相似，所以吃甜品可以，但我们要酌情适量。

●甜橙香薰

甜橙精油有耀眼和温暖的阳光特质，温润甜美的香气，可以驱离紧张的情绪，改善焦虑引发的失眠。甜橙当中含有大量的维生素 C，它还能够预防感冒，平衡皮肤的酸碱度，同时能帮助胶原蛋白的形成。很多心理咨询师在治疗抑郁症时，都会点燃香薰炉，滴上甜橙精油，因为甜橙精油可以迅速让人开朗心情，体会到生命当中的阳光和温暖，甚至还会有小小的"副作用"，比方说刺激食欲，让你胃口大开，所以节食的时候，要谨慎使用甜橙香薰哦。

●长时间拥抱

给你的伴侣来一个长时间的拥抱。有心理咨询师提出 20 秒的拥抱能够提高荷尔蒙的水平，释放有利于身体的化学分子的理论。

●冥想

每天冥想，不但能够使你得到及时的宁静，也能够使你不被巨大的压力击倒，我每周都有瑜伽训练的习惯，都会有整块的时间进入冥想的状态，俗称进入忘我的状态当中。

制定合理化的目标，SMART 法则是目标有效性的基础

我已经在前面的章节详细介绍过 SMART 法则，在此不再赘述，只强调一点，大家记得不要妄自菲薄，更不要过高估计自己的能力，设定一些你根本就不可能达到或者是违背人性的目标。用总结笔记当中的模板，可以帮助你评估自我时间管理的能力，提升你的计划能力。

休整期的安排

我们需要阶段性地安排密集的训练，但也要阶段性安排休整。密集性的行动，会让你缺少思考的时间，而人是需要思考的动物，因此让一个疲惫的身体和大脑有短暂的休息期非常重要，这也是国家会有法定假期的原因。

一方面，安排休息时间要在合理的时间范围内，另一方面，休整期结束的前一天，至少拿出五小时或半天的时间，来做休整期后的计划。我们要记得四个字：凡事提前。

常有小伙伴问我，旅行期间是否还要早起呢？对此，我的回答是，早起需要坚持到全年的 80% 以上，这些日子应按照你设定的目标时间来早起，那么另外 20% 的时间，是用来休息、整顿和休假的。

做什么样的事情，就要拥有什么样的力量，工作和学习的时候做到极致，玩耍的时候同样要做到极致。

迎接恐惧，战胜困难

　　我的励志人物尼克·胡哲，他是一个 80 后，出生于澳大利亚墨尔本，他天生几乎没有四肢，只有左侧臀部以下的位置，有一只带着两个脚趾头的小脚。尽管身体残疾，但父母并没有放弃对他的教育。胡哲的父亲是一名工程师，母亲是一名护士，在他六岁的时候，父亲教他如何用身体仅有的小脚打字，母亲则为他定制了一个塑料装置，让他学会握笔写字。八岁的时候，胡哲的父母把他送入小学，因身体残疾，他饱受同学的嘲笑和凌辱，十岁的时候，他曾试图在家中的浴缸溺死自己，但没有成功。在他 19 岁的时候，他打电话给学校，推销自己的演讲，被拒绝了 52 次以后，他获得了一个 5 分钟演讲的机会和 50 美元的薪水，由这开始，他开始了演讲的生涯。2003 年，他大学毕业。2005 年出版了 DVD《生命更大的目标》，同年被提名为澳大利亚的年度青年，2008 年和 2009 年，胡哲两次来到中国，在各所高校进行演讲。2010 年，他出版了个人自传《人生不设限》。

　　比起胡哲，我们有着太好的先天条件，也应该有更大的挑战困难的勇气，只有不断地挑战困难，解决困难，才就铸造有趣的人生。经常有人觉得，我好像很幸运，也很乐观，我真的想说，你们只看到了我的表面，没有看到我背后的付出以及持之以恒的决心。自从创业以来，几乎每天都有各种各样的突发事件发生，每个小时都有棘手的事情需要我去解决，如果没有一股信念，恐怕我早就被他人击败，被时代淘汰了。

　　我很喜欢一句话：每一个困难背后，都蕴藏着同等甚至更大的机遇。

　　如今，我创业进入了第四年，每当遇到困难，每当遇到想哭的时候，我就拿这句话来激励自己，鼓励自己，结果也就是这样，勇于迎接困难，才能克服困难。

选择人格榜样，并紧密跟随

　　早在这本书的开篇，我就让大家运用七个人物法，通过对梦想成为的七个人物的选择，按照自己的梦想来勾勒自己的榜样人格。但榜样选择应该具有梯队性，你需要人生榜样，同时也需要榜样小伙伴，也就是说，为自己打造一个学习氛围非常重要。每当你累了、困了、想放弃的时候，可以看看与你共同奋斗努力的小伙伴们，他们依然坚持不懈，他们的不舍、他们的选择，会给你带来继续前行的力量。

CHAPTER **5** 第五章 高效者工具

生率册
人效手
重塑
升级版

01
选择和使用工具

工具的意义

"人生效率手册"的课程已经过半，我已经为大家讲述了七个人物法、高效学习的五节课、时间管理的四堂课、10000 小时定律修炼职场硬本领的九堂课，相信各位读者都已经初步了解了时间管理、学习效率以及学习能力构建的基础知识。

其实之前的这些课程，都是打基础的阶段，通过基础知识的构建，大家逐步知道了应该如何管理好自己的时间、如何做到高效学习和怎样构建自己的学习能力，那么从这一节开始，我们要进入工具篇。

● 使用工具 = 实践

使用工具即实操，也就是一种实践。我一直很喜欢读毛主席的《实践论》，尤其是在我创业初期的时候，基本每天都会读一遍，以至于可以通篇背诵。通过这篇文章，我初步形成了这样一种认知：如果你不能将所学的理论与实践相结合，换句话说，若在实践场合，你无法调用自己的知识储备，那么你只是一个理论派，学得再多都是无用的。

我相信没有人希望自己成为一个老学究，大家都希望将自己学到的理论和知识运用到工作和生活中，那么我们就一定要学会使用"应用性工具"。

使用工具是提升效率和效能的最有用的方法之一。更进一步讲，当你在使用工具的时候，一定就是你在实践的时候。

●工具是一种介质

大家可能会很好奇，在时间管理这门课程中的工具，指的到底是什么呢？

在日常生活中，我们所说的"工具"，通常就是你达到目标的中间介质，比如说：为了沟通，你买了手机；为了有效地工作，你有了电脑；为了走得快，你穿了鞋；为了每天不困倦、更好地工作，你不熬夜并喝健康的咖啡；为了早起，你用了闹钟……在这些情景中，手机、电脑、鞋子、咖啡和闹铃都是工具。

我们要充分理解，工具不是目的，工具只是一种凭借物，或者叫作中间介质，俗称中介。

而在时间管理这门课程中，我们所说的"工具"，就是那些能够帮助我们更好地管理自己时间的中介。

选用工具

聪明人善用工具，愚笨的人自己造工具，或者根本不用工具。任何想要拥有更高效人生的人，都应该构建一套时间管理的工具系统，辅助自己实现目标，这是非常重要的事。

时间管理的工具非常多，在遴选工具的时候，我们要明确以下几条标准：

●可循环应用

工具最好的属性，就是拥有可循环应用的价值。

什么是可循环应用价值呢？任何工具都有使用说明书，就好比我讲的"人生效率手册"这门课程，其实就是帮助你开启高效生活、卓有成效地过好每一天的使用说明书。

使用一项工具之前，我们需要掌握这项工具的使用说明方法。比如：爱好摄影的朋友都知道，5DMark2是一款标配相机，但并不是每一个摄影"小白"都可以直接上手去使用这款相机的，必须反复地琢磨、不断地练习，才能掌握这款相机的操作要领。掌握一个工具，都是需要时间成本的，既然我们付出了时间成本，就应该得到相应的价值回报。

因此，我们在选择工具时，最好不要选那些用过一次就终生不会再用的工具。如果一个工具的使用频率很低，使用方法很复杂，那么，最好不要浪费时间。

●使用频率高

掌握工具有讲究。每天都可以用到的工具，也就是高频次使用的工具，最好先掌握。

比如《赢·效率手册》，它是一个从你每天醒来到睡下，都会反复用到的工具，也是一个陪你最紧密的物件，具有很高的使用价值。所以，我们一旦决定开始学习时间管理，就要先学习《赢·效率手册》的使用说明书，接下来，我们每天的实践就是去写它，然后评估它，与其他学习者共同探讨它。

● **具有场景价值**

任何工具都要具有场景价值。比如说，读书是一项技能，你在学习的过程中需要读书，在工作中也要读书，亲子时光你还要读书。如果你是一个公司培训负责人或是一名 CEO，又或者是一名老师，你与你的下属或学生们就要共读一本书。那么读书这个工具，就非常具备场景价值。如果一个工具在你的学习、工作、亲子、培训与教学中都能用到，那么这项工具就非常有价值，你一定要先掌握它。

● **对周围的工具进行分析**

大家不妨对自己周围的所有物品统一进行梳理：拿一张纸把它们都写下来，具体分析哪些是高频次使用的工具，哪些是低频次使用的工具。

通过采用以上三种标准，一一地进行解析，你就会知道自己需要什么工具，不需要什么工具，哪些工具有价值，哪些工具的价值不是很大。此外，最重要的一点是，你需要进一步分析出，对于那些高频次使用的工具，你对它们的掌握，到底有没有达到炉火纯青的程度？

高频次使用的工具

我是一个"工具至上"主义者，在平时的工作和学习中，我十分注意工具的使用和学习，平时，我也经常在微博分享使用工具的小心得。慢慢地，我发现了以下这些工具是我使用频次和对我而言使用价值较高的：

●计划工具

效率手册，辅助做计划的重要工具。它包括年度计划、月度计划、周计划和日计划。

●总结工具

总结笔记，辅助总结与提升的重要工具。它包括每日总结、每周总结，以及每月总结。

●学习工具

读书笔记，帮助我们在阅读一本书后，用逻辑梳理的方法，训练阅读能力。

演讲笔记，帮助我们更好地提升沟通表达与公众演讲能力。

社会资本，帮助我们更好地运营人际关系，与人生目标不背道而驰。

旅行笔记，行走有力量，它帮助我们在每次差旅当中增强效率和效能。

康奈尔笔记法，它帮助我们养成随手记录的好习惯，同时也能训练逻辑能力，更好地将日常生活和工作中的繁杂信息进行归类和整理。

●反思工具

《灵感笔记》，它可以辅助我们在学习和提升的过程当中，及时捕捉到至关重要的决定性瞬间，将困难和挑战转化为机遇，获得赢的局面。

02

《赢·效率手册》：良好的计划等于成功的一半

《赢·效率手册》，时间管理的必备工具

在分享《赢·效率手册》前，请各位读者一定要将之前讲过的内容，真正搞清楚，弄明白。前面的知识点包括目标的建立、时间管理能力的构建、学习效率的提升，以及学习能力的培养。在掌握了以上四个基础知识点之后，你会越来越具备时间观念，一本《赢·效率手册》，就是你的必备工具。

效率手册是什么？一句话就可以概括：效率手册是帮你提升时间管理能力的工具。

四个要点

有关《赢·效率手册》，有四个要点，必须先说明：

●效率手册只负责计划

《赢·效率手册》是计划层面的事情，用"单点突破法"加以诠释，

它就是"计划—实施—总结—评估—再次计划"中的第一步。

我曾经说，单用一个小本本进行记录，这不叫时间管理。《赢·效率手册》是为做计划而生的，千万不能把你一天当中实际发生的事情都写进去。实际发生的事情，属于总结、评估体系的内容。

你可以这样理解，一本效率手册只为你的计划和实施两个步骤负责。而总结和评估的步骤，我们需要在总结笔记中完成，我会在后文为大家详细介绍总结笔记的使用。

所以，如果你希望训练自己的时间管理能力，至少需要两套管理工具：计划工具（效率手册）和总结工具（总结笔记）。

可能有人会问，为什么不把这两项内容合并记在同一个本子上呢？通过多年的时间管理教学，我发现凡是在同一个本子上记录两项内容的人，虽然每天花费大量的时间记记记，但时间管理能力依然不会提升，甚至他们每天计划要做的事情和实际完成的事情，根本对不上，长此以往，就会出现懊恼的情绪，渐渐自暴自弃，彻底放弃了计划，被打回了原形。想要有效避免这种情况，最好的办法就是，不要在效率手册当中记录实际发生的事情。

●以目标为导向

任何一本效率手册，如果没有建立起目标管理体系，就不能称其为一本让你提升效率的手册。

人因为有了目标才会有方向，因为有了方向才知道自己为什么努力、为什么早起，以及往哪儿努力。因此，带有目标属性，是《赢·效率手册》名带"效率"的原因。只有紧盯住目标，不分散注意力，才能够实现目标。所以，在一本效率手册当中，应该时时处处体现目标的价值。比如说，要有年度目标管理体系、月度目标管理体系、周目标管理体系和日目标管理体系，等等。

其实，我们不仅仅要管理自己每一天的时间，更重要的是在日常的工作和学习当中，想清楚自己的目标是什么，避免走弯路和浪费时间。

● 以"一天"为起点

从广度上来讲，效率手册要记录我们一年的时间，从深度上来讲，它只记录了一天。人和人的差距，是由每天积累而成。不积跬步无以至千里，不积小流无以成江海，你的一年如何度过，取决于你的"每一天"如何积累。

我把自己多年的时间管理经验，总结成一本效率手册，取名为"赢"，这个"赢"，是赢得自己，而不是赢得别人。我们每一天只要比昨天的自己强那么一点点，就实现了"赢"。

对于刚刚开始学习时间管理的同学，你们只要做到坚持每一天，就一定能收获赢的局面。

● 随身携带效率手册

很多学员问我，是不是不需要把效率手册随身携带，只要每天回家誊抄就可以了？

我可以不客气地指出，问这样问题的人，你一定是不会坚持做时间管理的，一定是三天打鱼、两天晒网，最多也坚持不过三个"21天习惯养成周期"的。

为什么我坚持强调效率手册要随身携带？答案很简单，你随时随地都有可能计划到明天或是更远的事。当你的时间管理能力增强，你就会更有意识地计划自己的时间，不仅是明天，甚至是下半年的计划，这些事情一旦在计划当中出现，就需要标注在你的每日清单当中，所以，随身携带手册是一件非常重要的事。

此外，从心理学的心理暗示角度来讲，当你把自己的努力象征物——效率手册随身携带，每一次你看到它，都会想起你努力和奋斗的意义，所以，各位小伙伴，请一定要随身携带效率手册。

将《赢·效率手册》的功效最大化

书中同样是一本效率手册，有的人用了它，可以创造出百亿产值，比如说我们的导师；也有的人在上面涂涂写写，乱写乱画，却毫无收获，只是白白浪费了几十元。

该怎么做才能将效率手册至少发挥出 80% 的价值呢？以下六点必须了解：

●效率手册会提升你的人生价值

坚持使用《赢·效率手册》，将帮你摆脱忙乱、茫然和困惑，拥有明确的人生目标，有意识地规划人生，最终实现人生梦想。

效率手册的使用非常简单，你只需要坚持每年写、每天写，就会掌握住人生赢的局面，你会一年比一年更加自如，更加自信。那些有毅力，并且愿意为梦想去奋斗的手册使用者，我们叫他们人生赢家。

扫码观看《赢·效率手册》使用方法讲解视频

●正确的使用步骤

第一次使用《赢·效率手册》前，你需要从前到后通读一遍，掌握每个板块当中时间管理工具的具体使用方法。

别看这是一本手册，其中可是包括了多项时间管理工具的。你要了解板块与板块之间衔接的逻辑，手册中的主要板块包括：七个人物法、年度目标管理序列、周目标与周计划、日目标法、日清单法、日排程法、早起打卡（21 天习惯养成周期法以及 18 个周期理论），同时还包括月评述总结以及年度总结，当然，后两项是赠送内容，可能在下一年度的手册当中不会出现。

●关于早起

要使用效率手册拥有赢的一年，最简单的起步方法就是从早起开始。要养成早起的习惯，需要明确以下几个要点：

首先，我们需要定出早起目标。比如说，我们每天早晨 5 点钟起床，你就在效率手册的打卡页面当中写下"早起，每天 5 点钟"，同时，你一定要在每天早晨非常骄傲地写下你的实际早起时间。

其次，有关早起时间的计算，也是有讲究的。我们"早起异类部落"的规矩是，养成早起的习惯需要按照周期来执行，每个早起周期是 21 天，也就是说，每 21 天统计一次早起的成果，并换算成百分数，高于 80% 的同学，才能称为早起者。以此类推，一年 365 天共包括近 18 个周期，一个年度需要统计 18 次早起成果的百分数，希望每一位早起者的早起曲线，都能随着这个百分数一起呈上升的趋势。

最后，为早起困难者提供监督和陪伴。对于早起困难者，也就是患有懒癌的朋友们，我们为你们提供了监督以及陪伴的机制，你们可申请加入我们的早起者社群，参加早起的考评，从预科班到实验班，与赢家一起早起，获得坚持的力量。

●建立目标管理体系

严格的目标管理机制，在《赢·效率手册》中也是非常必要的。坚持使用效率手册一年之后，就可潜移默化地建立起时间管理法则当中的目标思维体系，真正做到赢。

打开这本手册，你可以处处看到"目标"。过去的你，可能任何事情都是在稀里糊涂的状态下去做的，但是在使用了效率手册之后，每当你要做一件事情，都会在手册的提示下，去思考自己做这件事的目标是什么，或者为什么要这样做；在做计划的时候，也会首先思考每一项计划的目标。建立起这样的思维体系，是一个人开始珍惜时间的重要体现。

你每一秒的时间花费，都必须有意义。

因此，在《赢·效率手册》中，我们设置了年度、月度、周、日目标管理体系，你需要在每年、每月、每周（当然是星期日啦）以及每天一开始的时候，就规划设置你的目标，并督促自己实现目标。

●建立反思机制

反思机制包括总结与评估两个步骤。

反思是为了更好地计划，是有效增强时间管理能力的重要组成部分。在单点突破法的"计划—实施—总结—评估—再计划"环节当中，总结与评估至关重要。

《赢·效率手册》将年度总结和月度总结融入时间管理模块当中，只要坚持做总结，就能发现自己的不足，并有效地在下一个循环体系当中，改善自己的计划和实施环节。

我反复强调，总结体系一定要与计划体系分开，因此，每日的总结和每周的总结将在总结笔记中单独出现，所以，总结笔记不需要随身携带。

● 注重每日计划的执行

再伟大的时间管理，都要落实到每日的计划与行动当中。

睡前思考，晨起记录

《赢·效率手册》全力打造"每日目标，每日清单，每日排程法，早起，晚间安排"五个部分。具体来说，每晚临睡之前，我们都要去思考自己明天的目标是什么，想明白了再睡觉，第二天早晨一起床，就要把它们写下来。

早起要有仪式感

当然，坚持早起一定要建立仪式感。仪式感的建立，是让自己拥有敬畏之心以及坚持力量的最好体现。每天早晨起床后，我们都要做一次具有象征意义的早起仪式，比方说喝一杯香浓的"唤醒咖啡"，或是默念每日目标。在完成早起仪式后，我们才正式打开《赢·效率手册》，写下自己的每日三目标。

日清单法和日排程法

接着，我们用清单法，将之前列出的以及今天想出的内容，依次排列出来。在每一项计划之前的那个小方块里面，写上你的序号，然后我们再使用排程法。

所谓排程法，就是将右边清单里的内容，依次排入左边从 5 点到 24 点的序列当中。

给自己留出机动时间

然后，评估自己的时间管理能力，以及每日留出足够的机动时间。"机动时间"非常重要，你经常做不完事情，是因为你对自己的时间管理能力预估失误，因此你要每天留出足够的机动时间，来处理那些紧急但不重要的事情。

说到评估自己的时间管理能力，就需要总结笔记来帮助你了。你需要不断地优化和完善自我。比如说，"时间管理"是你今年要提升的技能，那么在计划体系的效率手册，以及总结体系的总结笔记当中，请你一定要谨记这个目标。另外，在每一天的训练中也要铭记这个目标。

你每天写笔记的过程，就是一次训练和修炼的过程

排程结束之后，你就要开启 10000 小时定律的修炼了，即专注学习以及精学体系即硬本领的构建。每天的早上和晚上都是精修学习的时间，请同学们对自己的学习时间进行评估，你每一天都得至少拿出三小时的时间，用来提升自己的精学水平，只有这样才能慢慢地增强硬本领。

值得一提的是，在学习和健康两大领域的投入，往往是人们最容易忽视的。

03
目标设定与目标分解

目标设定和分解的重要工具——《赢·效率手册》

效率手册是有效的时间管理工具，掌管着你的计划之门。我是一位15年的效率手册使用者，最初我使用成型版的效率手册，结果发现根本就不好用，慢慢地，我不断地更换效率手册的品牌，希望找到一本真正适合自己的手册。经过多年的测试和探索，我意识到，效率手册掌管的是时间管理的计划之门。既然是计划之门，目标导向性就是效率手册最重要的功能。

人和人之间的差距，往往取决于是否有足够清晰的目标，以及坚韧的毅力，让你即便遇到困难也能不断向前。效率手册可以训练你设立目标的能力，它提供的是实现目标的有效工具——通过时间管理。

一本合格的效率手册，到底训练了我们在时间管理方面的哪些能力呢？

365次日计划训练，365次每日目标的设立，365次每日清单管理，365次排程法训练，以及365次早起的人性考验。

52次周目标的设立，52次周清单管理，52次周计划分解。

12次月目标设立，12次月计划分解。

一次年度目标设立，一次年度目标分解。

其实，你的时间管理能力，往往是在自我反思和跟自己对话的过程中增强的，也是在你每一次的挣扎与痛苦当中提升的。相对应地，你的进步也是在一次又一次时间管理能力的训练中表现出来的，这就是时间管理，这就是自我管理与提升，也被人们称为习惯的力量。

设定目标的常见问题

养成一个好习惯需要很长时间，而接受一个坏习惯往往只需要一瞬间。这就是很多人总认为自己活在煎熬和自我对话中的原因。哪儿有轻轻松松的成功？只有成功后的轻描淡写。

前几天，我做了一个问卷调查，希望细致地了解学员们在使用《赢·效率手册》过程中遇到的问题。短短的时间，我就收到了几百份答卷，我将答卷中反馈出的问题加以整理，提炼出了出现次数最多的几个问题，为大家进行解答：

●以"目标"为制订计划的唯一准则

在制订计划的时候，我们要时刻以"目标"为衡量标准，能够被我们放入计划清单中的事情，只有两类：一类是重要且紧急的事，另一类是重要但不紧急的事。

●重要且紧急的事

所谓"重要且紧急"的事，就是你今年一旦错过，明年就不再有机会去做的事情，比如父母的生老病死，或以本年度为期的重要事宜，你需要按照它们的紧急程度来划分，将它们列入年度计划。

●重要但不紧急

所谓"重要但不紧急"的事，就是用"七个人物法"预判出的、你自身需要去修炼的重要但不紧急的硬本领。

●正确区分"重要且紧急"与"重要但不紧急"的事

在划分这两类事时，我们经常会受到一个悖论的影响。那些你现在看来重要且紧急的事，其实只是人云亦云的结果，在你的内心当中，你根本就不想做这类事情，你之所以去做，是因为别人让你去这样做，或者你看到别人都这样做，所以你就跟随着去做。比如结婚、大学的专业选择、出国留学、读硕士、重要的岗位资格认证、是否留在北上广深工作，都属于这类事宜。

你需要慎重思考自己的选择是否正确的时候，因为当你选择了一个而放弃另外一个时，就产生了两个基本成本：一个是放弃成本，另一个是重新选择成本。你一定是可以得到更多，才会放弃一个，选择另外一个。

在面临这样的选择时，我给出的建议是，咨询多位在这个领域有丰富经验的专家，你可以毫无保留地把自己的情况跟他们说清楚，然后反复比对他们的建议与意见。在向别人取经和咨询时，千万不要省钱，该送礼就送礼，该支付咨询费就支付。在选择专家的时候，你也要事先确定，他们的成功经验足以指导你，而不是仅仅年龄比你大，更不是仅仅工作时间比你长。

记住：那些没有相关领域成功经验的人，即使年龄比你大，也不适合给你做指导。

分解目标时的常见问题

●日目标分解与日清单的关系

很多人分不清目标与每日清单的关系，经常有人问我，效率手册当中的"每天"页面中，每日目标法与清单法难道不重复吗？其实，目标与清单是不完全的总分关系。每天的目标是由清单当中的具体内容构成的。

目标分解和日清单的记录方法有以下两种。

方法一：先列出目标，然后将目标分解为清单中的事项

每天给自己树立三个必须实现的目标，但通常来讲，任一目标都是由数件事情组成的，就好比战争期间，我们需要拿下一座山头，拿下山头就是我们的目标，但拿下山头这件事通常要由数件事组成，那么这数件事情的分解动作，就应该计入清单当中。你每天可以先写下三个目标，然后使用目标分解法，解析出每件事的具体目标，再将它们列入清单。

方法二：先列出清单，后归纳出目标

先把你能想到的所有事情都列出来，然后再进行归纳总结，得出你的目标。

我的做法是兼容并蓄，因为我每天都随身携带效率手册，所以会提前规划出下个月甚至更远的事。所以在记录每天的内容时，通常我清单的目标一栏都已经是满满的了，我还会应用便利贴等工具，去增加更多的清单部分区域。

图1：《赢·效率手册》日时间表及计划清单

2019 *示例* 一月

每日金句： *加速,升级赛道,知行合一,引领高效人生。by张萌萌姐*

1 星期二 农历冬月廿六 本月只剩三十天	**目标** ☑ 休假 ☑ 演讲 ☑ 工作事宜确定

时间表	**计划清单**	
4 5 6 7 8 9 10 11 12 13 14 15 16 17 18 19 20 21 22 23 24	☑ 确定出席2019博鳌亚洲论坛	☐
	☑ 休假	☐
	☑ 萌姐演讲说直播栏目	☐
	☑ 与美方沟通又忙又美大赛暨亚季军赴美游学之旅	☐
	☑ 在下班加油站讲课	☐
	☑ 写作新书	☐
	☐	☐
	☐	☐
	☐	☐

●日清单法与日排程法的区别

日清单法

在效率手册当中，清单是由具体的一件件事情组成的。清单中的事情，大体上包括四类：第一类是重要但不紧急的事；第二类是重要且紧急的事；第三类是不重要但紧急的事，第四类是既不重要也不紧急的事。

日清单法的三个步骤如下：

Step1，我们需要将所有的事情都无差别地详细列出来。这个过程往往无法一蹴而就，我们需要随身携带效率手册，随时随地随手记录。

Step2，我们需要用时间管理四象限法则，逐一去定义每一件事的重要和紧急程度，对于那些既不紧急又不重要的事，建议你远离它们。

Step3，你需要使用标记术，在每一件事情的后面标记清楚。

我多次提及，决定人和人之间实力差别的事件，就是那些重要但不紧急的事，但它们往往也是最容易被我们忽略的事。而紧急却不重要的事，指的是必须在要求时间内做好的事，比如给老板买杯咖啡、送个快递、取个外卖，等等。

排程法

日排程法的结构为：左边是一列数字，由 4 到 24，每个数字自成一行；右边完全是空白。

日排程法的步骤和注意事项如下：

1. 请在左边按时间写下清单当中的具体内容，由于清单当中的很多内容都需要数个小时才能完成，所以在数字栏中可以用方括号详细标注出你的完成时间段，然后把清单当中的数字编号写在右边相应的空白处。

2. 如果你是刚开始使用效率手册的新手，请务必每日留出非睡觉时间的 40% 作为机动时间，用于处理突发事件。

3. 你记录下来的日排程，只是一份计划表，不是实际发生的内容。所有在现实中实际发生的事情，请写到总结笔记中。

●周 / 月 / 年度目标的分解

很多人不会做目标分解，在这里我为大家介绍两个比较实用的小方法：

按照时间进行分解

设置明确的时间节点，是管理目标时的必备要素。

明确的时间节点能够激发出人们实现目标的动力。无节点则无目标，没有终点的马拉松比赛是没有意义的。因此，目标与时间一定要紧密相连。此外，为了控制进度，需要再次分解成不同阶段的目标。这就是目标按时间进行分解。

按照目标进行分解

你需要根据一个大目标，去启动自我头脑风暴，即你要去思考。当你清楚地知道自己需要做多少件事情才能实现目标，这个目标就已经实现了一半。

你需要随时、随地、随手记录自己的计划，直到列到你完全想不出为止，然后开始做合并同类项的工作，把相同目标的计划合并到一起。合并类目后，再按照时间的顺序，从前到后完成。

当然，在建立目标思维的同时，你还需要考虑三个关键要素：第一，实现目标的路径，俗称打法；第二，实现目标所需配给的资源，包括人、财、物；第三，激励机制，包括对自己以及对他人的激励。

图 2：《赢·效率手册》月度目标管理

一月必须做的事   **January**

月度目标管理：助你拥有平衡生活

工作重点	自我提升
☐	包括阅读，以人为师计划，培训课程，行业会议以及行走有力量等
☐	☐
☐	☐
☐	☐
☐	☐
☐	☐
	☐

按照重要性原则，从前到后排列。

早上为精学时间，请使用10000小时理论学习法。晚上为泛学时间，下班加油站为你提供职场技能干货课程

04
效率升级：提升自己的执行力

问题

很多朋友在网上给我留言说，自己每天在效率手册的日清单上列出的任务，总是完不成，于是就会滋生出懊恼感。大家都很好奇，我是如何完成清单的。

这一节，我就跟大家聊一聊如何应用效率手册提升自己的效率。

原因

● 自我剖析

提高目标执行力就是提升效率。

跟我合作过的人都知道，我的团队是一支效率非常高的团队，我们做事不拖延。我本人也是一个十分看重效率的人。效率决定生死，尤其是对一个创业者来说，如果你没有在细分市场中迅速占领市场，你的前方将只有死路一条。人生需要效率，效率决定我们这一生能做多少事情，能有多少种不同的经历，能抵抗多少挫折，以及拥有多少的反思与成长。

提及效率，首先我不得不给大家泼一盆冷水。世界上没有任何一种机器是可以无休止地运转的，人类也不是永动机，只有神才能无时无刻不停地高效运转。这就意味着，我们不能持续地高效生活，我们也需要休息，也会偶尔放空。在这个问题上，我们不能要求完美，必须理解自己，谅解自己。

但这并不代表高效不能被训练。人虽然都不完美，但人与人之间却有着云泥之别。同样年纪的人，看到的世界和取得的成绩，往往天差地别。有的人只是庸庸碌碌地过了一生。在归结自己人生失败的原因时，他们只会抱怨命运不公，时运不济，命途多舛，但殊不知，他们没能成功的最重要原因，恰恰是他们自身低下的效率。

●案例

我们不妨回想一下，在日常生活中，我们做什么样的事时，会拥有极致的高效呢？

我想大多数人都会发现，我们在打游戏、看电影、玩麻将和娱乐的时候，会全身心地投入，不知疲惫。我经常听到家长批评孩子说："如果你拿出打游戏的精神头去学习，一定会取得好成绩！"

我曾经在课程中讲过，玩游戏和看电影是很好的纾解压力、放松情绪的方式，但大家一定要把它们安排在合理的时间段，让它们真正能起到放松的作用。有些人视游戏如命，每天晚上都沉浸在游戏中难以自拔。我曾经面试过一个应聘者，我问她，你每天工作以外的八小时用来做什么？她回答我，她每天下班回到家，就跟老公一起玩五六小时的游戏。这位应聘者当然我没有聘用了，因为她没有应用好游戏的放松作用，完全浪费了每天晚上应该用来提升自己的宝贵学习时间。

再次强调，我不是不让大家玩游戏，而是建议大家把玩游戏这件事工具化，让它充分发挥出舒压的功效。当你因为工作和学习而压力增大的时候，就给自己一定的奖赏时间，充分享受游戏的乐趣，但时间结束后，就要马上收手，千万不能让游戏反过来控制你的人生。

● **结论**

以打游戏为例，我们会发现，我们不是不能做到高效与专注，只是我们把高效和专注用错了地方！

人类的天性还是喜欢感官刺激与享乐的，但如果我们弄清楚了身体运转的模式与机制，并付出持续不断的学习与努力，慢慢会发现，自己可以掌控大脑，获得赢的局面。

对策

关于提升效率，我有三项法宝可以分享给大家：

● **法宝一：千万不要把日程排得太满。**

我们在排日程的时候，千万不可排得太满，每天都要给自己留出足够的机动时间，去应对变化。

在教授"人生效率手册"这门课的过程中，我发现很多学员在做计划的时候，都喜欢把一天排得奇满无比，事件和事件之间丝毫没有间隙。在这里，我以一位女学员的日程为例，她为自己即将开始的一天，做出这样的排程：

4：30 起床；

4：30—5：30 读书；

5：30—6：30 跑步一小时；

6：30—7：30 吃饭、洗澡、梳妆打扮；

7：30—8：00 去公司，路上听喜马拉雅上萌姐的时间管理课程；

8：00—12：00 处理公司事务；

12：00—12：30 找同事谈话；

12：30—13：00 午餐时间，重新听喜马拉雅萌姐的课程；

13：00—17：30 处理公司事务；

17：30—19：00 回家路上解决晚餐，回听中午萌姐的喜马拉雅课程；

19：00—20：00 做家务，回复喜马拉雅班级同学的问题；

20：00—21：30 收听下班加油站课程；

21：30—22：30 收看《萌姐演讲说》栏目；

22：30—23：30 记录萌姐笔记，练习萌姐每日 60 秒演讲。

这份日排程，我看完之后忍不住竖起了大拇指，哇！她这一天做了 13 件大事，可谓是相当忙碌，她的事情与事情之间完全没有空隙，看似是一份极其完美的计划。

但是，万一出现了突发情况怎么办？事实上，这位女学员在跟我咨询的时候，就充满困惑地问，她每天的排程都做得如此完美，为什么现实中却总是连一半都完成不了呢？她甚至怀疑自己的执行力有问题。

以这份日排程单为前提，我们来看看她这一天实际上是怎么度过的吧：

她早上 4 点半起床，4 点半到 6 点，都用来读书了。这就跟排程出现了冲突，多读了半小时的书，直接导致计划中的运动时间不够了，无法运动。她就刷了半小时的朋友圈，磨磨蹭蹭地吃饭、洗澡和梳妆打扮，然后去上班。

7 点半到 8 点，在去公司的路上，她本来计划要听喜马拉雅的课程并做笔记，结果她在拥挤的车厢里，居然刷起了朋友圈，没有认真听课程。到了中午，12点到13点之间，公司突然有了紧急工作，她不仅没能按计划听萌姐的课程，跟同事沟通的计划也泡汤了。

到了快下班的时候，又出现突发状况，从五点半到七点半，她被老板留下加班，于是下班时间推迟到了晚上七点。吃饭的时候，她又无意识地刷上了朋友圈。吃完饭，她又跟闺密煲电话粥聊了一小时，聊天的时候，提到了一些当下流行的衣服，于是从晚上十点到十二点，她都耗在在淘宝上买衣服了。当零点的钟声响起，她才疲惫地惊觉，这一天几乎毫无收获地过去了。

跟她计划中的一天对比，实际的一天究竟有哪些失误之处？我总结出了以下四点：

第一点，早上健身的一小时计划，完全没有落实下去，因为早上读书时间过长。

第二点，计划当中学习的时间，一次都没有落实下去。 计划中，她早晨读书之后，路上有半小时、中午有半小时、晚上还有一个半小时，差不多一天共有两个半小时左右的学习时间，结果这些学习时间却变成了刷微信朋友圈、追剧、跟闺密煲电话粥和逛淘宝。

第三点，吃饭不规律。 我一直倡导女生要追求"又忙又美"的人生状态。要想保持"美"的状态，规律和健康的饮食至关重要。

第四点，晚睡。 我一直倡导，健康的作息是每天都能争取11点钟之前睡觉，但这位学员在淘宝网上流连忘返，一直耗到凌晨十二点还没睡，而她第二天还要在早晨四点多起床，每天只睡四个小时，这是违背身体规律的。

总结下来，这位学员这一天中唯一可取的一件事，就是早晨持续阅读了一个半小时。而之所以做到这一点，主要归功于早起的力量，是早起的好习惯，为她争取回一个半小时的阅读学习时间。

看完这位学员的案例，不知你现在是什么心情，你的一天是否跟她很像？坚持固然很重要，但是合理化地把节奏把控好，也是非常重要的事情。对于有着和这位女学员一样困惑的人，我可以给你们一个非常简单的小技巧：下一次在制订你的日排程单时，不妨把每两件事之间都空出 30 分钟的间隙，用于处理突发状况。

● 法宝二：一定要给自己留出足够的机动时间。

除了在计划时，在每两件事之间留出足够的空隙外，对刚开始使用效率手册的人来说，还应该把全部可控时间的 40%~50% 空出来，不安排任何计划，专门用来处理突发状况。

可能有人会问，他空出了 40%~50% 的时间，但现实中并没有发生任何突发状况，那这些时间该怎么处理呢？答案很简单，将能够修炼个人硬本领或者是健身运动的小事件，填充进去。

现在，我每天会有 10%~20% 的机动时间，用来以不变应万变。机动时间可以帮助我们让计划和实际趋于一致。这是一项精准时间管理的能力，需要慢慢修炼，不能一蹴而就。

● 法宝三：积极乐观的心态——音乐治愈法。

我们在做计划的时候，就要有意为自己安排好娱乐和放松的时间。我每天都会安排半小时到一小时的时间，跟我的粉丝和学员进行互动，这既是我身为一名教育工作者的工作，也是一种消遣娱乐。

人不是机器，在繁重的体力和脑力劳动之后，一定要适时地休息和娱乐。我个人的娱乐休闲方式就是跟粉丝和学员互动，大家也可以选择适合自己的休息娱乐方式，比如打游戏、看电影等。把娱乐时间也写到你的效率手册当中，是一件非常符合人性的事。

积极乐观的心态是做事持久的重要动力源。我之前介绍过五步实现自我激励，其中包括呼吸法、分散注意力、香薰调节等方法，这一节我再补充一个方法，就是音乐治愈法。

音乐治愈法是一个应用心理学方法，也是一门非常年轻的学科，简单来说，就是应用一切音乐活动的形式，包括听、唱、演和舞蹈等，对人进行刺激以及催眠，以达到提升心理健康的目的。

在日常生活中，我们不妨留心一点，搜集能够让自己感到心情平静和愉悦的音乐，建立一个音乐歌单。每当播放这个歌单，你就会心情豁然开朗。每当你遇到特别难受的时候，或者身体非常疲惫的时候，你可以听听这些音乐。每当你完成了一项高效工作之后，戴上耳机，只需要几分钟的时间，就能收获一份全新的好心情。

提升效率的好方法：番茄工作法

对时间管理的初学者来说，每当身体和精神状态不佳的时候，就可以启用番茄工作法。当然，即便是时间管理的大师，也难免有心情不爽、难以集中注意力的时候，这样的情况下，番茄工作法将有效地帮助你提升工作效率。

番茄工作法，是由弗朗西斯科·西里洛于 1992 年的时候发明的。

●番茄钟的设置

举个例子，让大家更生动地了解什么是番茄工作法：现在正在读稿和写稿的我，前一晚因为做《萌姐演讲说》的直播栏目（这是我周二在微博做的直播讲课），一直工作到深夜 12 点多才回家，今天早上我 5 点钟起床，又录制了 60 秒的节目。在只睡了三个多小时的情况下，今天我依然要完成排得非常满的一日行程。为了让自己更专注地写作，不走神、不分心，我就启用了番茄工作法。

在使用番茄工作法之前，你要先确定你要完成的工作的时长，比如我想要写作两小时，也就是120分钟，接下来我就为自己设置一个番茄钟，将这120分钟以"25分钟"为一个周期，进行拆分。一些研究者建议的拆分单位是20分钟甚至15分钟，但是我个人一般习惯使用的是25分钟。

如果你是一个注意力非常差的人，那么你就需要将番茄钟尽可能地缩短，但是最好不要短于10分钟。为什么呢？因为只有让自己集中注意力10分钟以上，才能起到训练专注力的作用，如果将时间定得太短，就失去了训练的意义，而且，这么短的时间，你也难以真正解决什么问题。

即便是注意力很好的人，番茄钟的最长时间，也最好不要超过 30 分钟，否则就会让自己感觉疲劳。总之，番茄钟的设置值，在 10 到 30 的数量范值内。

在坚持使用番茄钟一段时间之后，如果你觉得自己的注意力有所提升，慢慢地就可以把基础设置时间变长。

● **正确地休息**

假设你需要用 100 分钟去完成一个目标，你将番茄钟的时间设置成 25 分钟一个周期，那么你需要进行 4 个番茄钟周期。

在每一个 25 分钟里，你必须专注地去工作，中途千万不能去做任何与该任务无关的事，比方说喝水、看手机、上洗手间、接电话、刷朋友圈、浏览网页和吃东西，这些事情统统会分散你的注意力。只有当番茄钟周期结束的铃声响起的那一刻，你才能够从工作状态中抽离出来。

每一个25分钟的周期结束后，你可以为自己设置5分钟的休息时间。但在休息时间里，我们也不能无节制地做事，我建议大家不要在休息时间看手机，因为网络上的事情瞬息万变，很容易影响你的心情，影响你完成后面番茄钟时的状态。除此之外，每执行完四个番茄钟，你也可以适当地让自己多休息一会儿，算是对自己的一点小小奖励。

● 番茄钟的四大原则

休息结束之后，开启下一个番茄钟，如此往复，直到目标实现。

在使用番茄钟的过程中，有几条原则需要大家加以注意：

原则一：不可分割原则

一个完整的番茄钟，以25分钟为例，它所持续的25分钟是不可分割的，一旦启动，你就必须坚持到结束。

原则二：一致性原则

在一个番茄钟的25分钟时间里，你必须集中注意力，只做既定的目标任务。如果你做了任何与任务无关的事，那抱歉，该番茄钟就是无效的，你必须废弃这个番茄钟，重新开始。

原则三：仅适用于工作原则

切记，番茄工作法仅适用于工作。永远不要在非工作的时间段去使用番茄工作法，比方说你与家人欢度的亲子时光，它会让你的亲子互动和亲密关系大打折扣。

原则四：与自己做对比的原则

通过使用番茄钟，我们将从一个无法集中注意力的人，走向赢的局面。但是要明确，我所提出的"赢"，不是让你去跟别人比，而是自己跟自己比。我们使用番茄钟的目的，是让你比过去的自己更好，比如过去你一次只能"吃"三个番茄钟，现在你可以"吃"五个，那么你就赢了。

原则五：与效率手册配合原则

番茄工作法最好与效率手册配合使用，才能达到最佳的效果。因为我们在每一个时间段的成果，是需要被自己看见，效率手册可以让这些历史数据有迹可寻，两者结合，我们能清楚地看到自己的进步，感受到充分的喜悦。

当你在吃番茄的时候，就是你训练注意力的过程，我们使用番茄工作法的目的，就是让自己能够更加聚焦。我说过，人无完人，再成功的人都不是完美的，每个人都有提升的空间。作为自我效率提升的高效工具，番茄钟是我们可以一生使用，并一生受用的。

05
掌握平衡法则：坚守自我管理底线

理论

● 平衡的前提

　　大家应该都看过杂技演员表演走钢丝，演员的脚步坚定而小心翼翼，手中的平衡棒从一边向另一边摇摆，为了保持平衡，演员的视线从不离开钢丝，任何一个失误都可能带来无法想象的后果。其实，不论是穷困还是富有，每个人的每一天，都像是在走钢丝，我们的每一个判断、每一个选择和每一次行动，都要维系某种平衡，平衡法则存在于万事万物当中。

　　如果破坏了大自然的平衡法则，就会引发气象上的灾难；如果破坏了个人的平衡法则，他的人生也会发生变故。如果可以不断训练自己保持平衡的能力，就将创造出更多的幸福价值。

　　我读过很多平衡方面的文章和书籍，有的学者提出了"等分法"的适用性原则，建议人们把每天的时间平均分配到各类事情当中，经过一段时间的检验后，看看这种分配是否合理，然后再进行调解。布兰德则提出，要在精神、财产、教育和娱乐四个象限，构建平衡法则，这个理论听起来很有道理，但在实操过程当中却很难落地。

在分享有关平衡的内容前，我要先明确两个前提：第一，认清平衡是实操训练的结果，而不是理论上的高高挂起；第二，平衡术可以慢慢练就，因为无处不平衡，无时不平衡。

●平衡的定义

你可能有一个非常美好且远大的梦想，比方说，你希望成为亿万富豪、成为著名企业家、成为引领下一个风口的技术领先者、希望成为电影明星。当然也有一些人，他们更倾向于过安逸的生活，比方做一名家庭主妇，或是工作无功无过，能够同时兼顾好家庭即可。以上这两类人生梦想，并没有对错之分，而不论要实现哪一类梦想，都需要他们拥有良好的平衡术，只是掌握平衡的方式不同而已，他们需要为此而付出的努力是没有大小之分的。

如果你是拥有一个大大的梦想的人，你就需要付出足以配得上梦想的行动，大家首先就要在心理上达到平衡，在你的目的和行为之间找到一个合适的支点。如果这个梦想太远大了，以至于脱离了现实，那么没办法，你只能尽可能地把自己的梦想缩得小一点，脚踏实地一点，更切合实际一点。

平衡，就是在你的目标和行动之间，找到一个合适的支点。

●平衡杠杆上的三类人

截至现在，听过我时间管理课程的同学已经超过了300万，经过对学员们的目标和计划的调研，我发现大多数人都可以归为三类：

第一类人，他们有明确的目标和计划，并且能够把它们写下来。

第二类人，他们有目标和计划，但是只存在于自己的脑袋当中，没有写下来。

第三类人，他们既没有目标也没有计划，每天只等待别人发号施令，别人说什么就听什么， 别人邀请参加聚会，他们就跟着去了，做任何事情都漫无目的。

大家不妨扪心自问，你属于哪个类别的人？你所在的类别的人数比例又是多少呢？

调研结果是，只有 3% 的人能够确定自己的目标和计划，并且能够把它们写下来；还有 10% 的人有目标和计划，但是它们只存在于大脑当中；87% 的人，是随波逐流的，他们没有明确的目标和计划，只能等待别人发号施令，将人生的决定权交给别人。

让我特别感到意外的是，这项调查结果跟另外一项调查结果高度一致，那就是"人类阶层金字塔"的分配比例。我多次讲过"赢"这个概念，它不是让你赢得别人，而是让你比过去的自己好一点点，那么这就意味着，如果我们现在属于那 87% 的人，在未来，我们一定要努力上升到那 10% 的人中，也就是有明确的目标但是没有写下来的第二类人，然后再从 10% 慢慢地攀升到 3%，这都是有阶段性的，你需要慢慢地、一步一步地努力，才能够实现。

一份关于财富自由的洞查显示，一个生活在中国的人如果想达到财富自由，是需要1.7亿~2.9亿元的。以这个标准来看，现在有多少中国人是真正实现了财富自由的呢？其实差不多也就是3%的人。当然这里面也包括一小部分运气特别好的人，这都属于特例，不在我们的探讨范围内。

● 平衡 = 自我管理

考量大多数人的人生，我们可以发现，无论我们拥有大梦还是小梦，我们都需要不断向前推进，从"第三类人"晋升为"第二类人"，再从"第二类人"跻身为"第一类人"。我们需要把目标和计划都清晰地写下来，这才是平衡的关键要义所在。

平衡，即你如何做出计划，并且按照你的目标进行合理化的时间分配，最重要的是能够坚定地按照你的目标去执行和推进。归根结底，平衡就是自我管理。既然涉及管理，它就是经验的集合，可以被学习，可以通过自我训练而获得。

方法与实践

●以"月"为计算单位

在"人生效率手册"理论体系当中，平衡是以月作为计算单位的，这就意味着，你对平衡术这项能力的训练，一年只能进行 12 次。每个月都是一次项目管理，都适用于单点突破法，即"计划—实施—总结—评估—再计划"。

关于梦想的确定，刚才我已经讲述过了，现在直接进入月度计划的介绍当中。

很多人都抱怨自己每天无法平衡，其实这就是因为你不会制订月度计划。有的小伙伴负气地说，自己永远不可能拥有平衡了，那其实是你在计划层面出现了问题。

●月度计划六大维度

你每个月制订月度计划的时候，都需要把月度计划分为六大维度，我们需要在六大维度当中，分别找到该维度的主体目标：

第一个维度：对上个月的反思。

反思是你提升自己计划能力的一个重要环节，它将成为你本月平衡能力提高的重要基础。反思包括你在上个月的遗憾和收获，要从两个角度去衡量，才能制订出这个月的计划。之后我们会专门为大家讲有关总结和反思的课程，在此先不赘述。

第二个维度：本月的工作重点。

如果你是学生党的话，这个维度就是你的学习重点。它应该成为你财政以及未来财政收入的一项支撑，同时也是你重要且紧急的事。制订这个维度的计划，涉及自我解析，你需要分析现在的工作／专业给你带来了什么，以及该采取怎样的对策。分析的结果大概有如下三种：

第一种：你现在的工作／专业，既能给你带来自我提升，也能给你带来财务收入。

如果你是这种人，恭喜你，太棒了，你一定要全身心地投入这份工作／专业中去，别人投入 100％ 的精力，你就要投入 120％ 的精力。

前一段时间，我面试了一个在百度做分析师的小伙子，我问他有什么硬本领。他不明白什么叫硬本领，在听完我的简单解释后，他做出了这样的回答：他常年不睡午觉，别人午休的时间，他都是用来工作的；他现在所在的公司 10 点钟上班，但他早晨通常七八点钟就到公司了，提前进入工作；等别人都下班了，晚上他还在加班。之所以这样全身心地投入，是因为他觉得这是一份能够让他成长和进步的工作，他收获颇丰。毫无疑问，我录取了这位小伙子。

第二种：你现在的工作／专业不能让你自我提升，却能带来稳定的财务来源。

这种情况，我们做的就是良心活，对待良心活，我们要尽心去做，对得起自己挣的那份钱。虽然这个工作／专业并不能给我们带来自我提升，也需要拿出百分之百的力气做好。

第三种：你现在的工作／专业既没给你带来财务收入，又没给你带

来自我提升。

　　如果你是这种情况的话，就需要反思一下是不是应该换工作了。工作／专业上的目标如果跟自我的人生目标一致，我们一定要拿出全部身心和时间去投入；如果你的工作／专业只能带来财务收入，也需要尽心尽力地去完成；但如果你的工作／专业既不能为你带来自我提升，又不能带来足够的财务收入，你就需要考虑及时止损，另换跑道。

　　第三个维度：自我提升的重点。

　　在时间管理四象限中，这类事情属于"重要但不紧急"的事，俗称硬本领，应该被重点考量。这其实也就是87%的人最容易忽视的部分，而3%的位于金字塔塔尖上的人，在很早的时候就已经非常重视在这个领域的修炼了。

　　再次强调，3%的那群成功人士，他们并不是登上金字塔顶端后才开始修炼硬本领的，而是因为修炼了硬本领才获得了成功。

　　如果你希望未来可以持续性进步，拥有不可替代的优势，一定要重视那些重要但不紧急的事，比如自我提升以及修炼硬本领。

●自我提升的训练包括四大领域：

　　第一大领域：阅读。你可以少看一些鸡汤类的文字，多读一些和10000小时定律相关的书籍。关于阅读，我将来也会讲到，推荐大家去下班加油站的微信公众号平台上，在菜单栏中点选"全部微课"的按钮，听一下我们的老师讲述的关于如何选书和读书的课程。

　　第二大领域：行走。行走有力量，我特别喜欢旅行，但殊不知去旅行跟自我提升没有必然联系，如果你自己不具备足够的知识积累，旅行顶多只能让你舒压，或是偶尔结识个新朋友，不能直接给你带来巨大的提升。任何行走都要以知识底蕴作为基础，所以说，如果你想把旅行当成自我提升的重要方法，需要有两个前提：

前提 1，你目前已经有足够的知识储备；

前提 2，你可以跟随一些有知识储备的人一同去旅行。

比如海外游学、集体旅行学习、访学，以及我们每年 7 月举办的创新创业研习营所进行的一系列企业采访，将有导师陪伴你进行参访，同时你的同学也都是高水平的人士，这才是真正的有力量的行走。

第三大领域：与人交流学习，以人为师。

我已经坚持了三年以人为师计划，每一年我基本都会有 50 个人物，作为我目标学习的楷模，我通过向他们请教问题、与他们接触、向他们学习，实现了每年的快速成长与提升。

第四大领域：培训。

培训课程要从两个方面进行理解，一方面是精学，另一方面是泛学。

泛学也就是知识面的提升，你可以通过平时看书来扩充自己的泛学体系。很多人抱怨说自己看书太慢了，整块的时间极其有限，碎片化的时间又看不进去书，这该怎么办？我们下班加油站的课程将完美解决这类困惑，这要比看书更便捷、更舒服。每一天晚上，当你工作或学习了一天，整个人最累的时候，就可以去听我们的培训课程，负责讲授的都是各个行业里顶级的精英。如果你一年能够听上 200 堂课，就相当于读了 200 本书，因为这些精英人士在自己的领域当中，都经历过 10000 小时的训练，他们看过的书至少是三位数，而他们在课堂上讲述的内容，则是他们通过阅读和实践得到的精华，真正是"听君一席话，胜读十年书"。

我们的培训课程中，也提供了精学范畴的课程。比如我个人最近就在学习公益慈善理论的相关课程，这个课一共需要学两年，我每个月都需要拿出 4~8 天的时间，在这个领域进行精学，修炼硬本领。

第四个维度：本月健康管理。

个人健康管理同样也属于"重要但不紧急"的事。

这也是这节课我想重点跟大家强调的一个部分，平衡理论的精髓，其实也正在此。如果说你现在的工作或所学的专业并不是你喜欢的，你从中无法找到成就感，每一天你都觉得压力好大，气都喘不过来，那么你一定要重视在健康管理方面增设舒压的部分。

萌姐为大家推荐以下几个舒压方法：

第一个方法是运动。 各位同学，你们平时有运动的习惯吗？每周运动多长时间？压力大的时候，一定要通过运动的方式，将压力释放出去。

第二个方法是控制体重。 一个人的体重能反映出他对自己的要求，尤其是女性朋友们，你是否拥有稳定的体重？你现在跟17岁时相比腰围差了多少？控制不好体重的人，往往也控制不好自己的人生。记住，你吃进去多少东西，就要通过多少运动把它消耗掉！

第三个方法是规律饮食。 你吃什么就是什么，这是一句谚语，充分道出了饮食的重要性。我在直播平台开设了一档新栏目，叫作《又忙又美说》，第一期就收获了很多小伙伴的点赞。这个节目用了很大的篇幅去讲述如何正确地吃，包括健康新鲜的食材选择、按照科学比例摄入和代谢。

第四个方法是滋养自己。 你一定要记住，及时给自己回馈，也就是滋养自己。我在设置反馈与评价机制的章节里，已经讲述得比较清晰了，不再赘述。

第五个方法是年度体检。 请大家一定要将体检纳入年度计划的考量当中。

第五个维度：与家庭相关的安排。

在月度计划中，要设置固定的时间，用来陪伴家人，以及做和家庭有关的安排。

和家庭有关的计划，要考虑清楚三件事：

第一，阶段不同，结果不同。无论男女，最好的奋斗年龄是我们年富力强的时候，也就是二三十岁的时候，这个年纪的人还没有太多的家庭负担，父母不需要你养老，也没有子女需要你去照顾。如果你目前还处于这个阶段，恭喜你，你在这个维度的计划不会占用太多的时间。但如果你已经有了家庭的负重，就一定要拿出时间投入家庭中，既然我们选择了，就要去承担起相应的责任。

第二，提前制订家庭计划，事先安排好时间。陪伴家人这件事，不可靠心血来潮。一定要事先把时间计算好，划出专门用来陪伴家人的时间，然后在这段时间里，不受任何干扰、全身心地陪伴家人，充分尽到自己的家庭责任。

第三，给家庭超满意的陪伴。曾经有一个学员跟我说，自从学了我介绍的番茄工作法以后，他每一次陪伴家人的时候都使用番茄钟，感觉真的很高效。我听完后无比傻眼，在此我要再次强调：番茄工作法只适用于工作，陪伴家人不能用这种方法。如果你在陪伴家人，请记住一定不要使用手机，在这段时间，你的精神以及你的肉体，都要百分之百地奉献给你的家人，也只有这样，才能创造出你们共同的美好回忆。

第六个维度：个性化的自我重点安排。

这个维度的月度计划，包括投资、理财、购物以及休闲娱乐等，需要你根据个人的实际情况，去具体问题具体分析，有的放矢。

图 3：《赢·效率手册》月度目标管理

一月必须做的事   **January**

月度目标管理：助你拥有平衡生活

工作重点	自我提升
☐ ☐ ☐ ☐ ☐ ☐	包括阅读，以人为师计划，培训课程，行业会议以及行走有力量等 ☐ ☐ ☐ ☐ ☐ ☐
按照重要性原则，从前到后排列。	早上为精学时间，请使用10000小时理论学习法。晚上为泛学时间，下班加油站为你提供职场技能干货课程

健康管理	家庭生活	其他
运动健身，体重管理，健康饮食，健康补给品，情绪管理，冥想，滋养自己，体检等	制定呵护陪伴家人的时间规划，例如旅行	理财，购物，18个周期礼物法等
☐	☐	☐
☐	☐	☐
☐	☐	☐
☐	☐	☐
☐	☐	☐
☐	☐	☐

06
养成坚持的习惯：让重复成为你的力量

坚信积累的力量

坚持用效率手册，坚持做时间管理，是一个人能够长久进步的前提。要想养成好习惯，就要坚信积累的力量，只有坚持不懈，日积月累，才能量变引发质变。

如果将人生比喻成挖井，有的人穷极一生，一直在换地方，一旦他们感觉打不动了，就立刻换到另外一个地方，从没有深入地挖掘；而有些人一生都坚持在一个点挖掘，每当感觉打不动了，他们就想尽办法去克服困难，继续深入。这是两种截然不同的人生，自然拥有不同的结果。

古语有云，不积跬步无以至千里，每一个长远的目标，都是一步一步抵达的。

我们以前上数学课的时候，学过一个经典数学案例——复利的故事。"复利"是金融学里的词汇，含义是重复的利息。传说中，西塔发明了国际象棋，国王非常高兴，决定重赏西塔，西塔却拒绝了重赏，他说："陛下，我只要你在我的棋盘当中放一些麦子就行了。"西塔要求国王在自己发明的棋盘的第一个格子里放 1 粒麦子，第二个格子放 2 粒麦子，第三个格子放 4 粒，第四个格子放 8 粒，以此类推，每个格子里放的麦粒都是前一个格子里放的麦粒数的2倍，直到放满64个格子。国王听完，觉得这是很容易满足的要求，于是就同意了。但是很快国王就发现，即使将国库里所有的粮食都给西塔，也不够西塔要求的1%，因为即使一粒麦子只有一克重，也需要数十万亿吨的麦子才够。

从表面看来，西塔要求的起点非常低，只有一粒麦子，但是经过一次次递增，最终形成了庞大的数字。这意味着，时间管理这件事，越早醒悟越好，坚持得越久越好。

坚信坚持的力量

时间就像珠宝首饰，必须把它们好好地看管起来，否则它们就会被无意识地偷走。随着每一秒、每一分、每个小时、每一天、每个星期、每个月和每一年的流逝，你的时间统统变成了历史，一去不复返了。时间走了，就不会再回来。

世界上最可怕的一句话就是：只这一次，下不为例。大家想想，曾经有多少次，你说过这样的话，被劝喝酒的时候、早上起不来的时候、偷懒不想运动的时候，以及不想记效率手册的时候，你总是在给自己找借口，贪图安逸是人类的本性。

如何养成坚持的习惯，我的法宝就是，百分之百地坚持。

其实100%的坚持，要比99%的坚持更容易，因为100%的坚持里，永远只有坚持一个词语，你不会想到放弃，而一旦你有了放弃的念头，下次你仍然会用这个借口放弃。放弃的成本和代价都是高昂的，你坚持很多年，做了很多事，但只要有一次懒惰的行为，就会万劫不复。

此外，每天提醒自己随身携带效率手册，也是帮助自己坚持的一

种方式，既然这么沉的本子你都愿意把它背在身边，就没有理由不把它
用好。

坚信习惯的力量

● 习惯决定命运

养成坚持的习惯，这是本节的核心内容。

人生中不该有"怕麻烦"这三个字，不要与怕麻烦的人成为朋友，
因为他们永远会把麻烦甩给你，把安逸留给自己。无论是坚持还是放
弃，都会养成习惯，一个习惯碰到困难就放弃的人，他做什么事都不
会成功，但是一个习惯于坚持到底的人，无论他做什么事都会想办法
实现。

坚持一个行动，就会养成一个习惯，坚持一个习惯，就会养成一个
性格，坚持一个性格，就会决定一生的命运。

习惯并不是短期内可以养成的，需要坚持和重复的训练来实现。

● 习惯的认识

习惯决定命运，好习惯越早养成，给人生带来的收益就越大。同理，
坏习惯就像高利贷一样会令人万劫不复。《习惯的力量》的作者查尔斯·都
希格，是我非常欣赏的一位调查记者，他曾经说：习惯是潜意识的活动，
就像软件编程那样，一旦启动，就开始了既定程序的演绎。我非常赞同
他的说法，习惯其实就是一种条件反射。

世界上所有出色的枪手，都经过了 10000 小时以上的训练，出枪的
速度和准头，都会成为一种习惯。当他身陷险境、进入战斗状态的时候，

必须在零点几秒的瞬间出手，来不及做什么思考，完全是靠调用潜意识和条件反射来完成射击，那就是习惯的力量。

习惯形成的过程，被科学家们称为组块化，就是大脑将一系列的行为，变成自动的惯常行为。我们每天的生活就是靠不断地组块化来进行的，你把牙刷放进嘴里之前，会习惯性地把牙膏抹上去，到了用餐时间，你就会给孩子准备午餐。习惯的生成和呈现，涉及生理学和心理学，甚至是病理学相关的理论，比较复杂，就不多说了。

● **习惯的控制**

有科学家曾经做过一个实验，他们训练老鼠不断地走迷宫，直到它把走迷宫变成一种习惯。然后他们通过改变奖品的位置，打乱了迷宫的通行方式。一段时间后，当他们把奖品放回原来的位置，再把老鼠放进去的时候，老鼠依然按照习惯走出了迷宫。连脑容量较低的老鼠，都深受习惯的影响，更遑论拥有高智商的人类。习惯一旦养成，就不会消失，它们会深深地嵌入大脑的皮层结构当中，影响我们的一生。

任何事物的存在，都是一把双刃剑，需要我们用辩证的眼光去对待。人类的大脑无法分辨出好习惯和坏习惯，如果你有一个习惯，这个习惯会一直蛰伏在你的大脑内，等待奖品的出现。这就解释了为什么有些人总是无法减去多余的体重，因为他已经养成了每次经过装甜甜圈的盒子时，都要拿上一块的习惯，这个行为模式永远地留在他的大脑当中。不过反过来，如果我们学会创造可以压制和转移这些习惯的常规神经活动，也就是控制了习惯的脑回路的话，我们就可以把坏习惯压制下去。

● **习惯的养成**

《易经》有云：天行健，君子以自强不息；地势坤，君子以厚德载物。"天行健"里的"天"，就是自然，它的能量强劲浩瀚，君子处世应该像天一样，刚劲坚卓，发愤图强，永不停息。"地势坤"的意思则是，大地气势和顺，君子为人应当增强美德，厚德载物。清华大学的校训便是"自强不息，厚德载物"。

古今中外的大咖名流，已经为我们指明了前进的方向，然而，明白了很多道理，很多人却仍旧过不好这一生，该怎样才能将道理转化为行动呢？答案就是，从命运产生的基石和源头处入手，也就是坚信习惯的力量。

实际上，当你意识到习惯这种能量的可怕和强大的时候，你已经被它征服了，就好比你觉得自己老了的时候，那你一定是真的老了。如果你认同习惯的力量，认同习惯与命运的联系，那么我们就要把我们的坚持和行为养成一种习惯。

一个习惯的初步养成，只需要 21 天，也就是三个星期。用 21 天去初步养成一个习惯，同时也能考验自己 21 次。在这 21 天当中，你每重复一次好习惯的动作，就完成了一次自我考验。在坚持了 21 天之后，一定要给自己一定的奖励，这是对自我的认可。关于自我激励的内容，我已经在前文详细介绍过了，大家不妨回头去重温。

07
学会复盘与反思，是进步的前提

复盘的重要性

● 复盘的定义

不会复盘的人，提升的速度就会慢。

"复盘"是围棋术语，也称"复局"，指的是对局完毕之后，棋手复演该盘棋的记录，检查每一着的优劣与得失，通常是棋手独自进行，也可以请高手给予指导和分析。围棋高手都有复盘的习惯，复盘能有效地加深自己对这盘棋的印象，进一步找出双方攻守的漏洞，揣摩双方的心理活动，提升自己的水平。其实，棋手们日常的训练，大多数时候并不是在跟别人对弈，而是在不断地复盘。

复盘是对思维的训练，通过复盘，已经结束的局面再次出现在你的脑中，你将更加明确自己该如何处理类似的问题，甚至你的脑海当中会出现更多应对的方法，乃至更准确地预估出别人的行为。

● 联想式复盘

2013 年，我创业的初期，曾反复地阅读了《复盘》这本书，感觉受益匪浅。

复盘，是联想企业文化当中重要的内容之一，指的是工作完成之后，重新回顾一遍，目的是检验和校正目标，不断分析过程当中的得与失，便于改进，不断深化认识和总结规律。这种方法从柳传志先生开始，一直延续到今天，已经成为联想内部的一个标志性工作方法。

联想的复盘共包括四个步骤：回顾目标—评估结果—分析原因—总结经验。

第一是回顾目标。

回顾目标，其实就是回述一下，自己当时做这件事的目的和初衷，或者说，你希望的结果到底是什么？也就是用结果导向论或目标法则进行分析。

第二是评估结果。

对照最初设定的目标，看看现在完成的情况是否一致，一定要实事求是。

第三是分析原因。

要仔细地分析事情成功或者失败的原因，每一个重要的节点都要分析清楚。

第四是总结经验。

整件事的得失体会，其中蕴含的规律，都值得我们去参考，还包括下一步的行动计划。在总结经验和规律的时候，千万不要轻易下结论，否则就容易出现不客观或者是自己骗自己的情况。

一次两次的复盘，未必能够摸索到真正的客观规律，只有通过若干次的复盘，才能逐渐总结出更为准确的规律。如果错误地把不是规律的法则，当成规律去指挥企业作战，结果会比不知道规律更可怕。

其实复盘理论并不陌生，早在读书的时候，我们就已经在不断复盘了。每到考试的时候，老师批改完卷子之后，都会有一个讲试卷的环节，老师会通过对每一道题的讲解，带领大家温习过去学到的知识，这其实就是一种复盘，那么通过做题和温习，你会知道自己有哪些知识点没有参透，需要继续钻研。

复盘的原理基础

●单点突破法

请问大家，在时间管理体系当中，复盘应该存在于哪个环节？复盘对自我管理的启示到底是什么？

我们不妨先来复习一下单点突破法，它是时间管理四大方法当中我最爱的方法，可以适配生活当中的各个场景。其他的方法掌握不了都没事，但这个方法必须掌握。请记住，它的步骤包括"计划—实施—总结—评估—再计划"，是一个完整的闭环结构。单点突破法中的"总结"和"评估"环节，其实就是复盘，它们的作用是提升计划的能力。

●案例：用复盘法学跳《孔雀舞》

大多数人都喜欢做计划，而且勤于做计划，但是往往计划之后就没有下文了，无论他们是否完成了计划，都极少去做总结与反思，甚至觉得总结与反思是相当麻烦的事情。这就好像学习跳舞一样，你想学着名舞蹈家杨丽萍的《孔雀舞》，虽然你能跟随音乐，照猫画虎地跳下来，但看起来却跟杨老师诠释的孔雀的神韵相去甚远。针对这种情况，总结和反思工作就非常重要了，你需要对每一个舞蹈动作都细致地研究，然后一遍遍地抠出细节上的疏漏，一遍遍地去做自我评述工作，甚至是去找专家进行评述，分析自己无法达到杨丽萍的水准是哪项基本功没有练好，得出准确的结论后，我们就有针对性地练习，早晚有一天，我们可以把《孔雀舞》演绎得惟妙惟肖。这就是总结与评估在舞蹈当中的价值。时间管理能力的提高，也需要不断地总结和评估，也就是借助于复盘法。

你要真实地去记录你一天究竟是如何度过的，准确无误地把它们写下来，千万不要自己欺骗自己，你每一秒的使用都必须有出处，而且必须有目标、有作用。关于如何做记录，我会在下一节进行讲述，在这里我想跟大家强调的是，光做记录还是不够的，我们还需要有一套评估方法，来评判我们这一天的时间应用效果，也就是通过复盘，真正搞清楚自己今天为什么没有完成计划中的目标，导致拖延的真正原因是什么。

●案例：彼得·德鲁克的复盘成果

大家不要小看评估总结工作，我可以通过一个案例，让大家更进一步明白复盘的重要性。

著名的管理学大师彼得·德鲁克先生，是最早强调做计划的重要性的人。有一天，他想看看自己的计划跟自己真正做的事有没有差别，于是他让助手记录下自己一天中做过的所有事项，记录的结果让他大跌眼镜，他发现，在没有专门训练过时间管理这项技能的情况下，他这一天真正做的事，跟计划完全对不上。这个结果令彼得·德鲁克陷入了深思，最终，他建立了精准时间管理理论。

人们只有通过回看，才能清楚地看到自己的盲区，启动复盘的思考模式，能够在竞争中收获职场的核心竞争力。当然，知道与做到是两回事，在接下来的课程中，我会详细为大家介绍，如何正确地做总结。

如何做反思

●总结笔记

　　总结是反思的开端，但我们也需要将反思落到实处才可以，因为很多反思基本停留在表面。我认为每日总结和每周总结，建成日报和周报，对自己的成长是非常有帮助的。

　　很多人都听说过晨间日记，其实在我们很小的时候，就被要求养成记日记的习惯，还要写出真情实感，不能记流水账，但是我想说，如果你想提升自己的时间管理能力，光靠一本效率手册是不够的，它是计划体系当中的内容。而总结与反思，也就是复盘的工作，需要通过总结笔记来完成。我们每天写的笔记，记录的是自己昨天真实的时间分配，这跟普通日记是不一样的。

●复盘练习

　　复盘是一项能力，可以通过不断的训练来提高。在时间管理这件事上，一年你能够训练 365 次，也就是每一天你都会重复一次对昨天复盘的环节，如果你某一天没有复盘，就少了一次自我训练复盘的提升机会。大家不妨自问一下，你长这么大，究竟做过多少次复盘？

　　吾日三省吾身，这句简洁有力的古语，蕴含着无尽的哲理。

　　曾经为我的"人生效率手册"这门课录制推荐语的戈峻老师，曾任苹果公司的副总裁，早在 20 多年前，20 多岁的戈峻老师就养成了每周六坚持写周报的习惯，这就是他的周总结与评估反思环节，其实也就是在做复盘的工作。这个小小的举动他一直坚持了 20 多年，时至今日依旧坚持着，这个习惯体现了匠心精神，也体现出了复盘的力量。

　　那些成功人士，绝对不是成功以后才开始拥有好习惯的，而是他们在很年轻的时候，就已经养成了好习惯，并因此走上了成功之路。

08
吾日三省吾身：每日总结如何做

复盘结构

　　每日总结，这是自我复盘工作中非常重要的一环。

　　每日复盘是一项技能，练习得越多，做得越快，练习得越少，做得越慢，它是一个熟练工种，越练习就越有利于你做时间管理。要珍惜好一年只能锻炼 365 次的机会，做一次少一次，错过一次少一次。

　　跟联想的四步复盘法不太相同，我的《赢·总结笔记》的复盘，是围绕着每日复盘的六步骤来进行的：时间记录—未完成事项—多完成的事项—原因解析—时间管理建议—今天想明白的一个道理。

　　接下来我会一一解读这六大步骤，大家可以根据插图中的基础模板，更生动地跟随着进行学习，这个模板呈现出的是我个人的总结笔记页面。

时间记录

●准确性

　　在每日复盘页面的最左边一栏，是 0 到 24 的时间节点，在这一栏当中，要清晰地记录你每一个时间段内实际做的工作，要做到百分之百地真实可靠，千万不要自己欺骗自己，蒙混过关。

所谓的真实可靠，就是你要在每一个时间节点当中，标记出你真正做的事。很多小伙伴跟我诉苦，说自己真的记不清楚，这怎么解决？管理学大师彼得·德鲁克先生是通过助理记录自己的工作时间节点的，而我们大多数人没有专门的助理，就需要为自己想办法记录。

● 及时性

要想保证记录的精确度，我为大家分享一个非常简单的工具，那就是微信。

微信有一个功能，就是给自己发语音信息，每一天当你开始做一件事的时候，你就可以给自己发一条语音，比如发"我现在开始读书了"，当你读完书的时候，再给自己发一条语音说"我读完了"，当然了，发文字信息也是可以的。如果你做每件事情的时候，都给自己发一条"开始"和"结束"的信息，当你做总结笔记的时候，只需要把对应的信息找出来，就可以轻松完成记录了。在记录实际发生的事情时，凡是持续了15分钟以上的事情，都需要标记下来，这非常重要。

保证记录的准确和及时，是接下来的评估工作的重要基础。

未完成事项

● Check 工作，标记异动

完成时间标注工作以后，我们接下来要做一个 check 的工作，也就是检验工作。

之前我为大家介绍了排程法，从 4 点到 24 点，你需要列出自己每天计划做的事情，这属于计划层面。而单点突破法是从计划到实施都用效率手册，唯有到了总结评估板块，需要转换到总结笔记当中。在总结笔记当中，你需要把你一天中从 0 点到 24 点真实发生的事情，准确地记录下来，然后将计划和总结进行对比，做减法。

所谓的减法，就是用一个小星星的符号，把二者之间的异动信息标注出来。什么叫异动？两件事只要对不上，就是异动，你就需要将之标注在你的总结笔记当中。

●罗列未完成事项

标记好异动之后，你就可以将自己未完成的事项列出来，比方说，你没有锻炼、没有学习、没有完成哪项工作，请按照顺序，把它们写到总结笔记页面的相应位置。

曾经有学员问我，他一天列了十件计划，实际只完成了两件，大多数计划都没完成，怎么办？没关系，把你没完成的八件事全部如实写下来。

多完成的事项

列完了未完成事项后，或许你会发现，自己还做了许多计划之外的事情，同理，也请将它们如实地记录在页面的相应位置。

我就经常会每天多完成一些工作，这些工作本不在我的计划当中，比如在图例当中，大家可以看到，这一天我多开了一个例会，还增加了一场在下班加油站微信课程的演讲。

原因解析

分析原因这个步骤非常关键，对未完成的事件以及多完成的事件，一定要剖析一下原因。针对未完成事件，原因无外乎以下四种：

第一，效率低下。效率低下导致延误时间，一件事没完成，后面的事也跟着受影响。

第二，预期太低。本来预估完成的时间很长，但经常能提前完成，这也容易造成异动情况。

第三，突发状况。有些事在做计划的时候，根本就想不到，属于突发状况，它的发生导致其他的事情没能完成，这属于不可抗因素。

第四，情绪导向。很多女生会出现这种情况，今天情绪不好，本来打算做的事情没能做完。

以上这些问题，都是我在指导学员的过程中屡次出现的。在前面的章节中，我提供了大量的理论对策，大家一定要去调用前面学到的理论知识，去分析自己的问题到底是什么——是激励不足，还是对时间的预估不足，还是缺乏与同好互动，这都是需要你独自去完成的工作。最后，使用我提供的方法，有针对性地把问题解决掉。

时间管理建议

单点突破法当中的评估到再次计划这个环节，就是对时间管理的建议。

在这个评估的环节当中，大家可以找到专业人士对自己进行指导，请他们指出自己在时间管理能力提升训练中的不足。

以我的个人总结页面为例，当天我本来想在白天的时候，邀请我们导师来出席 2018 年 7 月 15 日和 16 日在北京举办的一年一度的全球青年大会。按照计划，我需要在 1 月 2 日的上午，一个一个地去邀请我们的导师，亲自确认他们的出席时间。但在当日上午，我突然想到，上午的时间老师们一般都在开会，我不应该在他人不方便的时候跟他们发出邀请，这毕竟是他们工作以外的事情，所以我把邀请时间做了调整，改到中午休息的时间去跟他们联络。

这就是我对自己的时间管理的建议，也是我对时间管理的反思：我应该在其他人方便的时候跟他们沟通工作，尤其是跟时间如此宝贵的导师沟通。

今天想明白的一个道理

每日一反思已经成了我坚持多年的习惯，当我与杰出导师们和青年领袖们进行交流的时候，我惊讶地发现，他们几乎也都有这样的习惯。

吾日三省吾身，我们每天都需要多次反思自我，想明白一个道理。坚持一年，就能获得 365 个道理。这就是积累的力量，长久地坚持，必然会带来巨大的自我提升。

图 4：《总结笔记》每日复盘

每日复盘 日期：2019.1.3

时间记录

每日复盘

时间	时间记录
0	
1	
2	
3	
4	
5	
6	早起10000小时学习
7	
8	
9	GYL例会★
10	3
11	★
12	2★
13	1
14	
15	7
16	6
17	5
18	健身
19	
20	晚间学习
21	
22	4+准备在下班加油站
23	微信课程演讲内容★
24	

未完成事项
无

多完成事项
1. GYL例会
2. 准备在下班加油站微信课程演讲内容

原因
1. 通过回顾在年前的工作表现，意识到新的一年要先统一思想，所以先召开了本不在日程上的例会
2. 把与导师沟通时间调整为导师中午吃饭休息的时间
3. 晚间空闲时间找多，增设未来两天演讲筹备的工作

时间管理建议
1. 在其他人方便时与他沟通工作
   i.e. 在GYL导师午休时，与老师沟通2017年青运大会出席时间
2. 把工作内容安排周全
   i.e. 新年全员先统一思想

今天我想明白的一个道理
要发挥他人优势，帮助手下扬长避短

备注：1. "★" 代表与《赢·效率手册》计划不一致的全部内容
2. 该行为记录与《赢·效率手册》1月3日案例相互映照，可先行参考《赢·效率手册》(2017) 的具体内容
3. 该《总结笔记》为12周总结使用

图 5：《总结笔记》每周复盘

每 周 复 盘   第   周

总结未完成的重要事项

总结多完成的事项

分析评估（未完成事项的重要性与紧急性）

自我时间管理建议（下周将如何做计划）

本周我想明白的一个最重要的道理

09
每周总结如何做：让自己 7 天得到一次提升

周报的重要性

●训练机会少

一年仅有 52 个星期，周报这项时间管理的技能训练，一年只能训练 52 次，应该算作一个低频训练了。每七天你才能训练一次，如果把握不好，就会错失一次重要的提升自我的机会。

●有效提升项目管理能力

坚持做周报的人进步飞速，因为把一周所做的事项当成项目管理工作中的一个项目的时候，你就相当于一个项目经理，你这周所要完成的所有目标，就是你作为项目经理的合理配置能力的体现。

每做一个项目，都是基于前一个项目的经验

不得不承认，一个相同的项目，交给不同的项目经理来执行，结束验收时成果绝对不同。究其原因，不仅在于项目经理对 PMP 理论的掌握，更在于他对目标的实现，也就是评估总结以及复盘能力的把控。

项目经理能够完成甚至是超额完成目标，必然是基于之前大量的工作经验。他在做此项目的时候，可以调动之前在复盘中汲取的经验和教训，才令他能够轻易地在此项目中制胜。

复盘做得越多，经验就越多

任何一个人都不会轻轻松松地在项目当中取得成功。我常对我的团队说，我们的每一年都由 52 个项目组成，我们一年要打 52 场仗，在这 52 场仗中，我们都需要不断地评估自己的得与失，也就是完成复盘的训练工作。这对我们来说非常重要，我们每做一个项目，都是基于前一个项目的成功的经验的教训或者失败。事物之间是普遍联系的，我们的每一个进步，都是踩着之前的脚印走过来的。为什么很多企业不愿意雇用应届毕业生？因为哪怕你再优秀、再有才华、再勤奋，也弥补不了经验不足的硬伤，换句话说，应届毕业生缺乏工作经验。

周报的两个前提

因此，周总结对我们来说尤为重要，我们要像鸟儿爱惜羽毛那样，去珍惜这每年 52 次的项目管理的训练机会。

周总结复盘有两个前提，需要你充分了解：

● **一是，周复盘是基于日复盘的。**

任何一个每周复盘工作的开展，前提都是你之前已经完成了七天的日总结，如果没有日总结，你的周复盘工作是空洞无物的。欲了解日总结复盘如何做，请回顾前面的章节。

● **二是，周复盘工作要避免烦冗复杂。**

要有一个清晰的结构来做周总结。周复盘不是头脑风暴，不需要你胡乱地漫天思考，你仅需要基于前七天的时间管理数据，给予自己一个客观的评估。

周复盘的步骤

谈及周复盘的步骤，一共包括如下五项：

● 第一，总结未完成的事项。

每周我们都需要将这七日所有未完成的工作统一进行整理，并加以分类。这项工作有几个关键点需要强调：

一、周总结并不需要你重新从第一天整理到第七天，翻看所有的时间记录，根本就没有这个必要。功夫在平时，只要你每天都做了日报，那么你仅需要先回顾前面所有未完成的工作，把它们全部列出来即可。列举的动作最好在草稿纸中进行。

二、接下来我们要做一些基础的分类工作，判断哪些未完成工作是属于同一类别的，你可以建立自己的分类标志。

我通常按照项目来划分，比如说一个大目标会被分解成一系列的具体事项，那么我就是按照一个又一个的大项目来进行评述统计的。还有一种划分是按照原因来分类，比如哪些工作未完成是因为情绪不好，哪些是因为突发事件，哪些是因为对自己预期太高等。

三、复盘遵循 7+1 的原则。什么叫 7+1？也就是每个周期的七天，每天都需要你做一次日复盘工作，然后第七天写周复盘。我建议大家把每个星期的第一天选为周日，这就意味着周日是我本周的第一天。我曾在之前的课上讲过"凡事提前"的原则，如果你可以在周日完成评估反思以及下周计划，那么恭喜你，你比其他人拥有了更多的自信与从容，当别人在慌乱当中度过周一的时候，你已经开始按部就班地执行本周计划了，这份心底的满足感只有你自己才知道。以此类推，每周六就是你的第七天。

●第二，总结多完成的事项。

与上一步相似，将七天多完成的事项列在草稿纸当中。多完成事项的分类，同样可以按照多种标准进行划分。

●第三，分析评估未完成事项的重要性和积极性。

根据时间管理四象限法则，任何事情都可以分为四类：重要且紧急，比如你的工作报告以及考试；重要但不紧急，比如学习硬本领、运动和健康；紧急但不重要，比如老板让你买杯咖啡；既不紧急也不重要，比如无效的社交和跟风的盲目学习。你需要从这四方面去评估未完成的这些事，对你来说它们属于哪一类呢？

如果你发现未完成的事项当中总有健身和运动，虽然运动健身对一般人来说属于不紧急但非常重要的事情，但这说明你对这个领域的关注是不够的。如果持续完成不了，干脆来个断舍离，不要再在你的计划当中放上运动，就让你的身材持续发胖，就让你的免疫力持续降低，因为你的决策、你的行为以及你的习惯，根本就是呼吁你不要重视这件事。尽管你口口声声说这很重要，但抱歉，你的行为结果告诉我，它对你并不重要。就好像很多恋人在谈恋爱的时候，男人口口声声地说爱女生，但是他从来就不肯花时间陪女生，他的行为已经充分表达出，他不在乎这个女生。

对每件未完成事件充分反思，你会对自己有全新的认识。一些事情没能完成，是因为你的重视程度不够，如果你每周花在重要但不紧急的事情上的时间不超过 20 小时的话，抱歉，不论你赚了多少钱，你的人生都是在倒退！

我在课程中曾反复强调过，我接触过的那些顶尖的成功人物，他们每个人每天至少拿出额外 8 小时的 37.5%，也就是每天至少 3 小时，投在自身能力的提升上，也就是做那些重要但不紧急的事。如果你还没有做到这一点，你要赶紧努力了，否则就会在人生长跑当中，慢慢地被人一圈一圈地甩在后面。

● 第四，给出自我管理时间的建议，指导下周计划

自己的时间管理建议也叫作反思，你需要至少归纳出三条对自己的时间管理建议。根据对未完成事件条分缕析的分析，你可以知道，自己在什么事件当中存在时间管理能力上的问题，因此你的所有建议要有针对性，且都必须真正用于指导你的下周计划。你每年只能训练自己这方面的能力 52 次，所以你提升的机遇全在这 52 次的训练当中，给自己提出的建议，必须严格遵守，在下周的实践中，将充分检验你是不是一个听自己话的人。

● 第五，每周需要想明白一个道理，并写下来。

在日复盘工作中，大家每天想明白一个道理，但有一些道理不一定是深思熟虑的结果，这就需要你在周复盘工作当中，仔细琢磨自己写下来的七个道理，争取能够跟一些高手讨论一番，或是跟班级里的同学们探讨一下。在写周报的过程当中，你只需要写下一条令自己收获最多的道理即可。

我的"人生效率手册"课程，组建了班级，很多同学没有意识到

班级的重要性，听到现在才醒悟过来，拼命地要加入班级当中，你在一个什么样的环境之下，就有机会拥有怎样的体验，你的行为会激励到他人，同理，你也会被他人激励，这是一个正向的循环，也是班级的意义。

10
经营你的社会资本：管理人际关系

社会资本课程来源

●外部因素

　　社会资本的课程源自某一次我在《萌姐演讲说》的直播，当时我提及了关于人际关系管理的方法与工具，听众小伙伴们对这个话题非常感兴趣，我也意识到大家在人际关系管理这件事上有诸多的问题。这些问题与时间管理也密切相关，最终促使我系统性地讲述了社会资本管理这堂课，并出品了相关的工具——《社会资本》笔记，来帮助小伙伴们提高人际关系的管理能力。

　　我自认为是一个高效的管理者，在创业历程中，我在管理与导师的关系、与合作伙伴的关系，以及与学员粉丝们的关系中，均取得了不错的成绩。目前下班加油站在各个教育平台中共有不下一千位导师，合作伙伴和学员粉丝更是难以计数，如何将这些关系都系统地管理好，让它们良性运转，为我们提供助力和加持，这是一门技术，更是一门艺术，所以我要专门开辟章节，来分享关于如何构建社会资本的内容。

●内部因素

将"社会资本"这个概念用在人际关系管理中，是我的首创。因为我认为，有的时候我们是需要管理自己的社交的，这对每个人来说都非常重要，直接决定了我们的高度，以及我们将来能够走多远。只要有社会分工，就必然会有社会协作，要与人相处，就会涉及社会资本，因此不容忽视。

有关社会资本的分类管理原则，我提出了"10/20/150"法，我将在接下来的课程当中详细为大家讲解。

社会资本的重要性

●一个人的成功取决于有多少人支持你

一个人取得成功与否，取决于有多少人支持你，以及有多少人愿意支持你。而你要去为之修炼的硬本领，就是获取别人的支持。

那些成功的人，一定是在对的时间里做了对的事情。你积累的所有人际关系的总和，就叫作你的社会资本，既然涉及"资本"，就涉及获取的价值、维护的价值以及未来的使用价值，我们希望让它的使用价值最大化，所以社会资本这门课程，我最终的目的是希望能够教会你通过时间管理的方式管理好你的社会资本，也就是你的人际资本，它将决定你未来的成与败！

●青年领导力公式

2013 年，我创办了立德领导力，同年，我写完了自己的第二本书。青年领导力有一个具体的范畴，这个范畴对每个人来说都非常非常地重要，它界定了一个人管理能力的两个方面：青年领导力＝自我管理＋团队管理。自我管理和团队管理是相当不同的，这两点一起决定了每个人的青年领导力价值。

自我管理。即高效的学习能力，能够使用时间管理工具，通过系统的方法管理好自己的时间，提升效率。

团队管理。即建立共同愿景并带领团队实现愿景。

两项能力的训练其实都不是自己跟自己训练，而是需要不断地跟外界的人际关系发生互动，那么就需要运用社会资本的理论体系。

很多朋友问我，他们自己还是个"小白"，还是被领导的人，手下根本没有团队，怎么做团队管理呢？其实，在这里所提到的团队，是一个广义的概念，并不一定是真实存在的团队，完全可以是无形的团队。举一个很简单的例子，在我们"人生效率手册"这门课的各个微信班级当中，有各组的小组长、有各班的副班长，小组长领导着一百个人，班长领导着三五百人，几位教导处副主任，每人领导数千人，要管理好这些人，都需要个人的领导力。这些被你管理的人，其实只是存在于网络中的一个 ID，并不是真实存在于你身边的团队，但他们其实也是你的社会资本。也就是说，即便是微信朋友圈里那些跟你并不熟悉的人，只要你能在某一领域当中把他们的价值发挥出来，你就是在运用你的社会资本，他们就在无形中成了你的团队。

每一次社会资本的运用，其实都是与你和你的团队的能力密切相关的。你微信朋友圈里的好友们，都是你潜在的团队成员，他们为你点赞、拥护或反对你，在你需要的时候为你提供支持，与你合作，这无疑就是一种团队的形式。甚至，当你学习我的时间管理课程的时候，我也是你的团队成员，因为我是为你服务的，我是你知识来源的提供者，这就意味着我在知识选择的时候是受你领导的。

因此，团队是一个广义的概念，不是真正的公司领导，也能管理团队。

社会资本的误区

● 五个有关社会资本管理的问题

人们在社会资本管理当中，存在着诸多的认知误区，诸多的误区导致管理混乱，或者说根本不会管理。

那么接下来我来为大家详细分析，人们在社会资本管理中，存在着哪些认知误区。大家可以拿出一张纸，根据我接下来提出的五个问题，判断你会不会存在这样的错误认知。只有知道了自己的问题到底是什么，才能有的放矢地了解自己犯错的原因，引出改正的方式，完成自我的迭代升级。

第一个问题：你跟某某某是朋友吗？

如果把这个问题描述得更具体一点，我问你：你跟张萌是朋友吗？有的人往往因为通讯录里有我的电话号码，或者说加了我的个人微信，就毫不犹豫地回答：当然了，我跟萌姐是朋友。

第二个问题：你对朋友有过投资行为吗？

继上一个问题之后，我继续问你：既然你跟张萌是朋友，你对她投资过吗？有的人想了想：过年过节的时候，我给萌姐群发过短信，她一定对我有印象。于是就回答：没错，我对张萌投资过。

第三个问题：你有意识地构建过自己的朋友圈吗？

有的人满不在乎地回答：哎哟，构建什么朋友圈啊？朋友嘛，随性就好，我们不需要在交朋友这件事上太刻意。

第四个问题：今年你一定要实现的两大目标是什么？请问你已经开始围绕这两个目标构建你的人际关系了吗？

每年的两大目标非常重要，这两个目标的实现，大多都不可能是你一个人单打独斗就能办到的，一定要学会去获取其他人的帮助与支持。有的人会反驳说：我的目标就是学习，跟别人有什么关系？我想回应的是：在你学习的过程中，你是否需要向其他人请教？向谁学习？向什么案例学习？这都涉及社会资本的获取以及相关的维护，包括人际关系的构建。

第五个问题：你会构建人际关系吗？

有的人认为，自己的通讯录特别详细，甚至有的时候还给通讯人增加了各种标签，标注出对方的职业和相关信息，这就说明自己非常会构建人际关系了。

请大家记住，以上这五类认知，都属于人际关系管理的误区，是错误的。

●四种社会资本管理类型

接下来，我们再一起做一项小测试：假设今天是春节，你只有一个小时的时间,要给今年对自己的事业目标有决定性意义的20人发送短信，请问你会怎么操作？

这个测试有几个要点：第一，你只有一小时来发送短信；第二，你只能给20个人发送短信；第三，这20人都是跟你今年的年度目标密切相关的。当然了，这个测试还有一个最重要的大前提，那就是你已经树立出今年的两大年度目标了。

第一类朋友，他们会说：哎呀，一小时发给20个人，时间很赶啊，难道让我一个一个查找、编辑和发送吗？太麻烦了，我直接群发好了。

　　第二类朋友，用了一个小时的时间，把通讯录从头到尾查一遍，仔细思考了谁对自己最重要，列出了 20 个人，然后一一地去发了短信。

　　第三类朋友，他们根本不需要去翻通讯录，一听到这个问题，他们立即就知道这 20 个人应该是谁，甚至能按照重要程度，给他们排上序号。

　　第四类朋友，他们也立即就能说出 20 个人的名字，而且，他们还有一本人际关系管理的专用手册，比方说《社会资本笔记》，翻开这本笔记，他们就立刻能知道，自己跟某一个人是在什么时间、什么地点、为何认识的，也能用最方便的方式和对方取得联系。除此之外，这个笔记本中还记录了自己跟每一个人之间进行了多少交流，彼此投入了多少时间和金钱，这些内容都写得非常详细。

　　请问，以上四类人，你是哪一类呢？

　　可能有人会说，第四类人也太麻烦了，我哪有这样的时间做分类管理工作？在这里，我想说，记录《社会资本笔记》虽然很麻烦，但这涉及一件很重要的事，那就是人际关系对你的价值。任何的管理都是需要投入成本的，如果你觉得一件事重要，我们自然就要去投入成本；如果一件事不重要，我们自然可以不用浪费时间。

社会资本的价值

●价值一

平衡交易

　　我们生命当中的每一刻都不能被浪费，2019 年已经过去了大约 25%，大家的人际关系管理目标，达到 25% 了吗？如果大家的答案是没有的话，那么我要告诉大家，人际关系有价值的，你要重视起来。而且人际关系遵守着平衡交易的原则，这意味着人和人之间的互动是相互的，你对别人付出多少，别人就会回馈你多少。

镜像反应

每到春节，我们都会收到一些群发的祝福短信，不知道大家看到群发短信的时候，是一种怎样的心情。我在社会资本的课中做过多次调研，一些小伙伴就跟我说，自己干脆就不看，直接删掉，更有一些小伙伴对群发短信深恶痛绝，甚至谁给他们群发短信，他们就直接将谁拉黑。人际关系的管理就像一面镜子，你想让其他人如何对待你，就要先学会换位思考，自己先用同样的方式去对待别人。

选择性维护

有些人对此非常困惑，跑来问我，如果我跟每一个人的关系的维护都需要这么用心的话，那么我这一生的时间哪里够用啊？事实上，并不是所有的人际关系都需要用同样的方式去维护，我们需要对自己的人际关系进行分类管理。每个人在你生命当中占有的地位是不同的，人际关系的管理有长线、有短线。拿长线来说，有些人对你来说是终生都很重要的，这些人是你应该一生用心去维护的人际关系，而有的人就没这么重要了。

● 价值二

目标性原则

人际关系的价值在于每个人的时间都具有稀缺性，在时间上的投入，需要我们明确目标性原则。你需要为值得投资的人投资更多，同时减少不必要的社交浪费。

避免无效社交

为了帮助你实现年度目标，你需要做人际关系的开拓与维护，对待值得的人，我们一定要在价值回馈上予以相应的体现。就像男女朋友产生矛盾的时候，女生往往埋怨男生不够爱她，但男朋友很委屈，说，其实我真的真的很爱你，女生说丝毫没有感受到，男朋友从来不陪她，每次见面都极其吝啬言语。由此可见，人际关系需要我们付出时间、付出真心，让对方能够感受到你的心意。如果你没有用这样的方式去维护人际关系，你所做的一切，就是无效社交。

● **价值三**

两者之间的关系，是由心理距离较远的一方决定的

举个例子，A 认为自己跟 B 是好朋友，但是当被人问道"你们俩是什么关系"的时候，B 却说，我们俩只是比较熟而已。那么请问，A 和 B 到底是什么关系？答案是，他俩之间的关系是由心理距离较远的一方，也就是 B 来进行决定的。尽管 A 认为自己跟 B 关系很好，但 B 并不这样觉得，最终，两个人只是熟人关系，因为当 A 明白这一点的时候，就不会继续把 B 当成好朋友。

你如何对待别人，并不代表别人也一定会用同样的方式对待你。人际关系从来就是不对等的，很多人在这一点上存在误区，现在你要明白，你通讯录上的人，不一定都是你的朋友，你觉得你俩是铁哥们，但实际上在对方眼里，你可能只是一个联络比较紧密的朋友而已。

11
人际关系分类管理：10/20/150 原则

情商公式

今天这一节，跟大家分享社会资本管理当中的两大原则。原则一是情商公式，情商等于真诚加换位思考；原则二是人际关系的分类管理，也就是 10/20/150 原则。遵循这两大原则，是有效管理人际关系的重要基础。

● 真诚

真诚是人与人之间交往的第一步。当你跟一个你认为非常重要的人说话的时候，你会当着他的面不停地刷朋友圈，还是毕恭毕敬地放下手机，不回复任何信息？当你送给朋友一份礼物，你是会把别人送给你的礼物转手送给他，还是会为他专门准备一份专属的定制礼物？

每一期我们的线下公开课，我都会从头到尾地陪伴学员们一天的时间，即使其他老师还在网络平台上互动分享，我也愿意花时间陪伴我的学生。我每天都会花大量的时间与我的学生们在线上互通，在社群当中解答疑问，这都是真诚的体现。真诚就是情商提升的第一步，也是管理好自己人际关系的第一步。

● **换位思考**

提高情商的第二步是换位思考。换位思考这项能力是一个硬本领，通过训练与实践可以提高，但它无法速成，不是一下子就能练成的。在学习完这一节内容之后，你只要建立一种换位思考的意识就可以。

情商 = 真诚 + 换位思考

我建议大家将这个公式写在自己的本子上，没事就默念，提醒自己形成一种意念的力量。

人际分类管理：10/20/150 原则

● **分类管理**

分类管理的原则，是一个非常重要的理论，在我个人的人际交往当中，我一直在不断地优化和完善它。这项理论不仅仅是基于我的个人经验，同时还基于我们下班加油站给很多导师的做法与个人习惯，是综合而成的一项理论。它就是 10/20/150 原则。

原因

大家首先要注意一个关键词，就是"分类管理"这四个字，顾名思义，它指的是你所有的朋友不能用同一种方式来管理。你的时间是有限的，每年可以拿出来用于维护人际关系的时间就那么多。大家都知道"额外 8 小时"理论，每个人每天除了睡觉、工作和学习之外，额外的时间基本上只有 8 小时，你应用这 8 小时的时间来做什么，你就是什么样的人。因此如果你想把人际关系管理好，让它能够帮助你实现自己的目标，让你的每一天过得充实且有目标感，你就要梳理你的通讯录，建立一套分类管理系统。

要点

记住，你不需要去维护所有的人际关系，没有人可以做好所有的事，让所有人满意，但我们一定要去做人际关系维护这项工作。

10/20/150 的人际关系管理法则中，一共包含了 180 个人际关系，这 180 个人都需要你去好好维护，而且要用不同的方法去维护。

更重要的是，你人生当中最重要的这 180 个人，他们绝对不是固定的清单，他们的名字一定是在不断变化着的。你在不断成长，你的目标不断地实现，遇到的人也在不断地更新迭代。

● 确定年度目标

在讲述如何划分并管理自己的人际关系之前，首先要让大家回顾一下自己的年度目标。

在做人际关系的分类管理之前，请先把自己的人生目标写下来，通过七个人物法，梳理出你接下来要修炼的三项硬本领，然后确定出今年的年度目标，一共包括两大目标：一个是重要且紧急的目标，比如升学、升职或加薪；另一个是重要但不紧急的目标，比如修炼自己的硬本领。假如你是一个职场新人，你的第一个年度目标就可以是提升自己的岗位薪金，第二个年度目标，可以是提升自己的英文演讲能力。

接下来，你的年度人际关系管理，一定要紧密围绕着你的两大年度目标去进行，时间有限，一定要把它花在刀刃上。

● 10 人管理原则

10 人标准

很多小伙伴跟我说：人际关系还得管理啊，好累呀。我想打击的就是这类小伙伴，如果你觉得管理人际关系都非常累的话，那么你的目标实现会更累。几乎任何目标的实现，都不可能只靠个人的努力，一定会涉及团队协作或他人的帮助。

所以，现在就开始跟我学习10/20/150原则，管理自己的人际关系吧。

首先是10人管理原则。这10个人，是对你这一生来说，最重要的10个人。

什么样的人可以被列入这份10人名单呢？他们是你的至亲，是你永远不会跟他们翻脸的人，这10个人是你人生当中非常宝贵的资源，也是你这一生最宝贵的财富。大家都知道，最贵的东西往往是用钱买不来的，这10个人就是这样的存在。

10人管理方式

你跟这10个人之间的人际关系，往往超越价值交换，是一种无条件地付出，比方说父母对孩子，比如说已经转化为亲情的夫妻关系，还有手足同胞或生死之交。对待这10个人，我们不用去计较太多的得失，在你的有生之年，用最大的努力去为他们付出，花时间去好好地陪伴他们，花钱去帮助他们，让他们开心，因为他们是你生命当中最重要的存在，理应最受关注。反过来，他们也会给予你同样的爱与关注。

● 20人管理原则

20人标准

接下来是第二份名单，20人名单。这20个人，是跟你今年密切相关的，要实现今年的两大目标，这20个人不可或缺。

请大家一定要记住，这份名单的人数千万不能超过20个。管理人际关系是需要成本的，不仅是时间成本，还包括财务成本。这20人当中的每个人，都需要你付出相应的时间价值，你对他人进行投入，你就不能做其他的事情，花费的看似是时间，其实就是金钱。

20 人管理方式

我们每个人每小时都是有货币交易成本的。举个例子，我一般去外面讲课，一小时的收入为几万元不等，这就是我的时间成本，如果我讲课是免费的，那么就等于是在削减我的时间价值。

你维护这 20 段人际关系所耗费的时间价值，必须和你的收益对等。所以说，这 20 个人一定要细细筛选，反复斟酌思考，他们跟你的年度目标到底有没有关系。一旦确定了名单，你就需要全情投入，而且还要用他喜欢的方式全情投入。

● 150 人管理原则

150 人标准

下班加油站的导师王玥，曾经在课堂上分享了他在人际关系管理时，筛选 150 人名单的标准，我听完觉得非常惊讶，因为他的理论竟然与我的不谋而合。

王老师创办的凯洛格公司，是国内顶尖的企业大学机构，他也是创业邦的合伙人之一。他平日里的主要工作内容，就是跟人打交道，也就是跟人说话。这一点跟我非常相似，我们每一年、每一天都要见太多的人，我接触的每一个人，都会进入我的人际关系管理体系当中。但是他们的数量实在是太庞大了，在这种情况之下，要建立一份 150 人的名单，必须要用科学的方法进行筛选。

这 150 个人，就是你这一生中，能占据你重要时间价值的人。换句话说，他们决定了你未来能做一个什么样的人、过上怎样的生活。

在此，我斗胆认为，张萌应该是此时在学习时间管理这堂课的学员们的 150 人名单中的一员。很多人都是听完我的课后，人生发生了改变，从不早起到早起，从不学习到拼命学习，从过去天天打游戏，到认识到时间的可贵，从过去的盲从到现在的目标明确，不论是怎样的变化，我都在一定意义上，帮助你实现了人生目标。

150 人管理方式

要注意，这 150 人不是一旦上榜就终生在榜，他们是不断更新的，甚至他们所处的重要地位，也是不断变化着的。我个人的 150 人名单，每一年都会更新，甚至有的时候一年要更新四五次。我们一定要知道我们要把时间花给谁，这非常重要。

举个例子，在我们的下班加油站社群当中，有一群人属于指挥部成员，他们是社群的最高领导层，我基本上每天都会跟他们大量互动，对他们提出很多私人问题，也协助他们一同去解决问题。因为我认为他们是我非常重要的人，因此我就愿意配给相应的时间去助力他们的成长。

总结

对于重要的人际关系，你一定要多投入，跟他说话的时候不能看手机，需要百分之百地维护关系。我有一个习惯，就是很少在谈事阶段用手机，因为我认为，人一次只能做好一件事，如果我这个时间专门用来谈事或者进行沟通的话，我绝不会分心去做别的事情，我要让对方感受到，我百分之百的精力都投入跟他的沟通上。哪怕沟通的时间比较短，但在我们共处的这一刻，我要让对方感受到我的真诚，也会在人际关系中收获赢的局面。

12
为自己打造一套社会资本系统

四大方法的关系

有关社会资本管理，前面几节我讲了一系列的理论，希望对大家有一些启迪性的作用，接下来这节，我要分享实操层面的内容——四大行动方法，帮助大家在实践中更好地管理社会资本。

这四个方法都并非一蹴而就，要想消化掉这一节的知识，需要你用大量的时间做练习和整理。我建议大家把它当成你下个月的月度目标，把自己的社交资本梳理清楚，这是非常重要的事情。如果你想明白了自己的时间应该花给谁，你就知道，一件事情是否与你的目标相违背，从而减少社交浪费，为自己赢得了宝贵的时间。

方法一，分类管理法

第一大方法叫作分类管理法。大家要知道，而且一定要对你认识的所有人进行分类，这个分类最重要的目的，就是要挑出你需要的人。假设大家面前有一堆沙子，我给你的命题就是要你从一堆沙子当中，挑出钻石 10 颗，挑出苹果 20 个，再挑出鸭梨 150 个，那么你现在要做的工作，就是从一堆沙子当中，把钻石、苹果和鸭梨分别找出来，这就是 10/20/150 的分类管理法。

● 分类考评指标

现在，大家都知道了，要对不同类别的人使用不同的管理方法。在分类的时候，有两个考评指标：

第一个考评指标，就是时间和精力的投入。

在时间和精力这两个维度当中，你要知道自己到底应该在什么时间、什么方面去对一个人进行投资。但不要在对方不需要你的时候出现，当一个人不需要你的时候，你付出得再多，也是无法打动对方的。

除此之外，你还要做一个基本判断，你每天拿出多少时间来学习？前文我提到，根据我多年的调研，那些成功人士，他们每天都能坚持着额外 8 小时当中的 37.5%，也就是每天 3 小时以上的学习。他们这么忙，都能拿出这样的时间，请问各位年轻朋友，你们有什么理由不去学习呢？同理，对人生非常重要的人际关系管理，你也一定要舍得花时间，去把它做好。

第二个考评指标，是财务的投入。

关于财务方面投资，有四大原则：

第一是时机。当别人需要你的时候，就是你要去做投资的时候。

第二是适当。别人只需要你送给他一个小礼物，结果你送了他一个超级贵重的礼物，这可能就不太合适。

第三是成本。人和人之间的关系建立是有成本的，如果你想认识一个人，那么在什么样的情况下认识他是最好的？是直接去拜访，还是通过双方的熟人去引见？这都需要有成本方面的考虑。

第四是维护。一旦你认识了一个人，你肯定想进入他的 150 人名单，甚至是进入 20 人名单。那么你就一定要维护好这段人际关系。

原则是这样的，但每个人都会有不同的行为方式和习惯，每个人的情况都不一样，需要具体问题具体分析，而且要有耐心地坚持做下去。

方法二，社会资本管理系统

社会资本系统是每年都需要修订的，这跟七个人物法的操作是一样的，它属于你未来要实现目标的间接课题。一定要先读懂前面的课，再来学习本节的内容，否则你在理解上就会出现偏差。

●重要性

社会资本管理系统非常重要，这套系统如果不建立的话，未来你可能永远都是一个干事的人，永远也不能成为一个领导者。即使你是独自工作，并没有团队，如果没有太多的社会关系，也是难以实现梦想的。大家要能够搞清楚你自己的社会资本管理系统，你要有一套具体的、系统化的管理方法，如果没有的话，年复一年，你的社会资本就全都浪费了。过去认识的人，若不好好维护，现在就不认识了，就无法积累人脉资源了。

●工具

社会资本的管理体系当中非常重要的一点在于，你首先要知道一项基本的原理，就是跟你的时间管理密切相关的前面章节当中我讲述的关于时间管理的内容。

接下来大家还要认识到工具的重要性。社会资本管理系统的工具，其实跟效率手册是一样的，也是一个笔记本，我将之称为《赢·社会资本笔记》。社会资本必须通过工具才能够管理好，否则你就不能清晰地看到它的框架体系。

高效和投入

要建立社会资本管理体系，首先，就是要做到高效。因为每一项人际关系的管理方法，都有时间成本，如果你不能提升自己的效率，就会落后于他人。其次，要舍得时间，你要肯拿出你的时间去进行投入，如果不能全力以赴，那还不如不做，否则就是越做越错。就像群发祝福短信一样，既浪费时间，又适得其反，令自己的社会资本不增反贬。

要记住，你的社会资本不存在于你的想法当中，你一定要真真切切地把它落实到你每天的实际行动中。

图 6：《社会资本》笔记案例

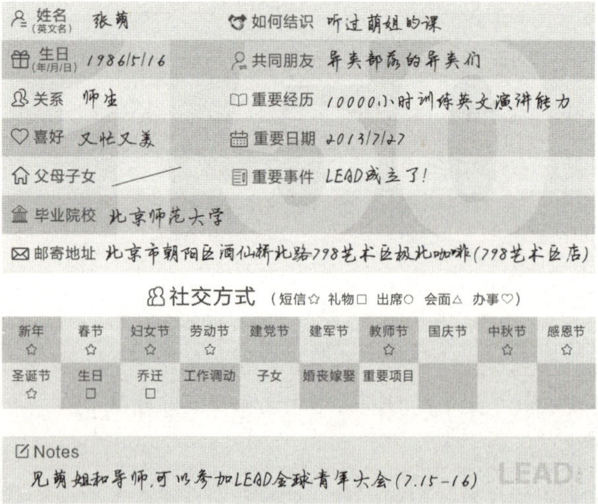
姓名（英文名） 张萌
如何结识 听过萌姐的课
生日（年/月/日） 1986/5/16
共同朋友 异类部落的异类们
关系 师生
重要经历 10000小时训练英文演讲能力
喜好 又忙又美
重要日期 2013/7/27
父母子女 ——
重要事件 LEAD成立了！
毕业院校 北京师范大学
邮寄地址 北京市朝阳区酒仙桥北路798艺术区极北咖啡(798艺术区店)

社交方式（短信☆ 礼物□ 出席○ 会面△ 办事♡）

新年 ☆	春节 ☆	妇女节 ☆	劳动节 ☆	建党节	建军节	教师节 ☆	国庆节	中秋节 ☆	感恩节 ☆
圣诞节 ☆	生日 □	乔迁 □	工作调动	子女	婚丧嫁娶	重要项目			

Notes
见萌姐和导师，可以参加LEAD全球青年大会(7.15-16)

方法三，标记法

微信有一个功能，每当你新加一个好友的时候，点开他的名字，就能给他打标签。在社会资本管理体系当中，你也要有一套自己的打标签方式。标签法的作用，是更准确地刻画和描述你的交往对象，你要用最适合自己的具体指标来进行。

在为别人打标签的时候，要标记清楚两大基本范畴：

● 第一个范畴，是他的个人基本情况

一个人的基本情况，有五个具体的标记点：

1. **这个人跟你是什么关系**。这个关系一定要描述清楚，这个关系不是你主观臆断出来的，而是你俩的真实关系，表面看起来你俩是师徒，私下可能是朋友，那么你一定要列出你们双方都认同的关系。

2. **对方的生日**。中国人的传统并不是过阳历生日，所以你要搞清楚对方喜欢过哪种生日，或者是两种生日都过，千万不能在错误的时间段送上礼物以及祝福。

3. **对方的近亲关系**。对方的父母、子女和配偶是做什么的、从事什么行业、有没有退休，最重要的是他们有什么需要帮助的地方，以及你能为他们提供帮助的地方。

4. **对方的喜好**。这里面也包括了对方不喜欢的东西，在与对方进行交往的时候，你要格外注意。

5. **其他有用的信息**。当你跟对方聊天的时候，你需要随时补充和对方相关的重要信息，比方说对方觉得特别重要的高考的日子，对于这些信息，你要特别加以注意。

● **第二个范畴，是你跟他之间发生过什么样的关系**

需要标记的内容包括你们是怎么相识的，有什么共同的朋友，你们共同的经历是什么，等等。

方法四，记录法

记录法是一项非常重要的管理方法，任何的行为记录，都会幻化为时间的价值和魅力。

时间具有积累性，你给谁投资了，一定要进行记录。你要记录你跟他上一次互动是什么时候，你跟他这一年的互动都有哪些、共有多少小时，做这一切记录，都是为了确认对方是否在你的 150 人名单里。如果不在，他跟你的目标并没有直接的相关性，与他交往无法为你的人生带来任何提升，你的时间特别宝贵，不要浪费在无效社交上。

所有取得杰出成就的人，都是高效管理自己时间的人，同时也是善于管理自己的人际关系的人。我们一定要确保把最重要的时间给了最值得的人。

总结

最后，我要提醒大家两点：

第一点，社会资本的年度规划越早做越好，晚了就来不及了，因为你还需要把这项能力，通过你的实践，像滚雪球那样不断地训练好。

第二点，要做目标化的管理体系，对那些非常重要的人，你要全情投入，义无反顾地去付出。

　　我在"好好学习"APP开设过《张萌：10招教你建立多元人脉》的课程，对如何建立人脉资源系统感兴趣的朋友可以学习。将社会资本课程和社会资本笔记相结合，并且每天坚持使用，反复确认查看，相信你一定可以管理好自己的人际关系。

13

《随手笔记》：康奈尔笔记法如何实践

输入管理工具

●知识的闭环结构

学习就是输入知识，写作、演讲和实践则是知识输出。

人们有一个闭环的知识循环结构，即从输入到输出，再到输入，循环往复不停歇，人在这个过程中慢慢地进步与成熟。人们每天都在做输出工作，却很少输入。究其原因，无外乎是怕麻烦，觉得浪费时间。我们需要高效地输入，才能获得自我提升。

●输入的形式和工具

输入有以下几种形式：读书、与人交流和行走世界等，其中效率最高的是与人交流，包括跟人谈话和听人讲座等。

截至目前，在我所使用过的诸多输入管理工具当中，首推康奈尔笔记法。

康奈尔笔记法是将你的思维模块化的一种方式，它可以迅速帮助你定义输入的重点，并在反复总结的过程当中，强迫你去深入思考，是一项有效的输入管理工具。

康奈尔笔记

●定义

什么是康奈尔笔记法？

康奈尔笔记法也叫作 5R 笔记法，是比较常见也比较有效的一种笔记方式。自从 20 世纪 50 年代，康奈尔大学的沃尔特等人发明了康奈尔笔记法以来，这一笔记法被广泛地应用于听课、阅读、复习材料以及记忆，甚至被称为最佳笔记管理系统。有教育领域的研究者指出，这一方法几乎适用于一切讲授以及阅读课程，特别是听课笔记，康奈尔笔记法可以说是首选当中的首选。

这种方法是记与学、思考与运用相结合的有效方式，使用这一笔记法可以让你的笔记更加系统化，使你主动融入知识的创造当中，提高自己的学习能力，从而帮助你取得学习成果。

我将康奈尔笔记法进一步拓展，发展为《随手笔记》。现实生活当中，人们往往会随手记录很多的东西，只不过很少会用一条逻辑线把它们梳理清楚。

可以跟大家透露，我每周差不多都要在《随手笔记》当中记录 1 万字，《随手笔记》的内页，就选用康奈尔笔记法的基本模板。这些笔记充满逻辑感，不是随便地乱写乱画，每次翻看《随手笔记》的时候，我都充满着愉悦感和享受。

●结构

康奈尔笔记法，把一页纸分成了三个部分，右上角最大的空间用来做笔记，左边的 1/4 用来写提纲，下面 1/5 左右的空间用来写总结。

有人提出这样一个观点：最优秀的笔记都是遵循着黄金三分法。康奈尔笔记法也属于黄金三分法当中的一种，这种笔记法可以帮助使用者培养较强的逻辑思维能力。

　　我的《随手笔记》是将康奈尔笔记法的格线制作完成，小伙伴们可以直接进行书写，而不用辛苦地自己画格子。

康奈尔笔记法的步骤

　　康奈尔笔记法一共包括五个步骤：

●记录

　　做记录有如下小方法：

　　1. 记录要点。 在右上方的笔记栏当中写出记录要点，非常讲究技巧。记录要点时，在页面顶端写上你的课程名称、日期和授课题目，甚至也可以书写书籍当中的标题，坚持这样去做，会让你的笔记更加系统，而且当你复习的时候，也就更容易找到你想复习的那部分内容。

　　2. 在每页最大的一块区域当中做笔记。 当你在听课或阅读的时候，只能把笔记记在右边的区域，那么笔记应该包括老师在黑板上写下的板书内容，或者是幻灯片中的内容。

　　3. 应用笔记主动学习。 其中包括主动地听课以及阅读，你要把遇到的每个要点都记录下来。留意重要信息发出的信号。如果你的老师说，某某现象的发生，是由两个基本原因造成的，那么这种进一步的信息，也应该被记录到你的笔记当中。如果你在聆听一个讲座，被反复强调的内容就很可能是重要的。这些小窍门在你阅读文本的时候同样适用，课本一般会把重要的内容用粗字体标记出来，书中的图表信息也是值得我们再三斟酌的。

4. 保持简洁。在写笔记的时候，随时想着这一点，你的笔记最后也许会成为授课内容，或者是所读书本的一个大纲。专注于获取关键词或者是关键语句，这样你才能够跟得上授课，或者是演讲者的速度，事后你将有足够的时间去查缺补漏。不要试图把每一个字都记录在纸上，要使用重点特殊符号、缩略词，或者是你自己发明的速记符号，这样你就更容易保持注意力，跟得上别人的思路，也避免遗漏重要的信息。

5. 记录中心思想。请抛开解释性的例子，把主旨或者主要思想记录下来。不要试图去记录那些例证，例证只是为了证明中心思想而存在的。对中心思想的转述，不仅可以节约时间和空间，也会迫使你用自己的语言去表述那些给出的观点，这将会让你更容易记住它。

6. 做好间隔。当你开始下一个题目的学习，需要和之前的笔记隔开几行，或者直接翻到下一页，这将在你的脑海当中把材料系统化，当你需要查看的时候，也可以帮助你更加快速地聚焦到不同的部分。

7. 记下你遇到的任何一个问题。不论是什么时候，如果有什么地方是不懂的，或者是搞不清楚的，那么就把它快速记录下来，这些疑问会帮助你消化当前这些知识。

8. 纠正你的笔记。如果你的笔记当中有任何难以读懂或者是没有意义的东西，那么就趁着这些知识还在你脑海当中的时候，把它们改正过来，千万不要拖到下一秒，否则你将彻底忘掉它们。

●简化

做好记录以后，尽早地将笔记栏当中的重点以关键词、简短标题和概念，写在《随手笔记》的侧栏大纲当中。

第一，总结关键词。当你听完一场演讲或者是看完一本书的时候，尽快从笔记当中提炼出关键思想和关键事实，把浓缩后的要点记录在《随手笔记》当中。观赏那些关键的字词，以及那些重要的概念，用一天的时间来重温一遍课程材料或者演讲阅读材料，这将会加强记忆效果。如果你是个视觉型学习者，你可以把右面笔记那一栏的主要观点画线标记，或者是用荧光笔画出。

第二，在左侧大纲栏中写出联想到的相关问题。思考右栏当中的笔记内容，猜测可能出现在考试当中的问题，然后写到左侧栏当中，接下来这些就会成为我们学习的主要工具。

●背诵

用你的手掌或者是一张纸，盖住右侧笔记当中的那一部分，只根据大纲栏当中的摘录提示，尽量用自己的语言去回述笔记栏当中的内容，并试着回答你曾经在左侧大纲栏当中写出的那些问题，然后拿开手掌或者纸片进行核对。你也可以请你的朋友来提问，以此用笔记来测验你对知识的掌握程度，让大纲栏发挥出应有的效果。

●思考

这是康奈尔笔记法当中最精髓的一步。笔记下方的总结区域，是你思想的结晶，总结就是把知识进行拓展和内在化的过程。在浏览笔记以后，给自己留下一些时间进行消化，查漏补缺，澄清概念，加深理解，然后将自己的总结内容写在下方的总结栏当中，这可以使你的思路更加明晰。一般来说，我们的总结写上几句短短的话就够了，如果有必要的话，还可以附上公式方程与图表。你可以用自己的语言来做总结，这是个检验你理解程度的好办法。

如果你可以用自己的语言进行总结，那么就说明你对课程材料有了一定的掌握。然后你或许可以问问自己，如果我要向别人解释这些观点，我该怎么去说？但是如果你在总结某段课程材料的时候遇到了麻烦，不妨看看自己笔记当中是否有什么问题还没弄明白，或者可以直接去请教老师。

●复习

短期记忆很容易被遗忘，间隔复习有助于加深记忆，每周花 10 分钟左右的时间快速复习笔记。

复习时有两个要点：

1. 阅读你的笔记。专心看大纲栏和总结栏当中的笔记，这些地方记录了对你的测验或者考试而言最重要的那些要点。如果你喜欢的话，在复习的时候也可以把最重要的部分画线标记。即使不是课堂笔记，小伙伴们也需要通过快速复习的方法，来让自己当时记录的内容的记忆更加深刻。

2. 尽可能频繁地去复习笔记。在较长时间内保持时时复习的好习惯，而不是在考试前才临时抱佛脚，这将极大程度地提高你的记忆，并深化你的理解。学生们需要记忆考试的内容，职场人也需要记忆重要的会议和谈话内容，所以都需要经常复习。

其实康奈尔笔记法是一种集笔记、复习、自测和思考于一体的学习方法，能大幅度提高学习效果，而不仅仅是一种分区式的笔记法，记录之后的工作才是重点。有效地使用康奈尔笔记法，会让你面临的阻力最小化，保持记忆效果最大化，所以《随手笔记》是时间管理当中的有益工具。

图 7:《随手笔记》

随手笔记

■ 大纲	☑ Notes

🖹 总结

《随手笔记》

有关《随手笔记》，还需要做以下几点补充。

第一，关于携带。

很多伙伴经常问我，如果我随身只带一个本子的话，请问要带哪个本子？我会回答，一定是《随手笔记》。受到一些客观条件的限制，我们不能把管理工具笔记本全都带在身边，而且女生的力气一般都比较小，拿东西比较费劲，所以我会随身携带的就是《赢·效率手册》和《随手笔记》。

第二，关于灵感。

在高效管理工具当中，《灵感笔记》是收集和整理你人生思路、创意和想法的工具，不过你不可能随身携带《灵感笔记》，那么《随手笔记》是否可以记录你的灵感呢？在哪儿去记录呢？在总结部分当中，专门有一个书写总结的小标志，平时用于归纳与总结，你可以在那里记录你昙花一现的灵感。不管怎么样，一想到，马上就记录在你的《随手笔记》上。

第三，关于结构。

《随手笔记》的三栏设计简单明了，对逻辑思维能力不太好的同学来说尤为适用。你每写一张纸，对你来说就是训练一次你自己输入范畴的逻辑能力，也是对思维的梳理，这样的格式让我们很容易进行归纳与复习。无论是上课、读书还是写作心得，右上角的笔记栏目有详细的资料，要点提炼后写入左侧的大纲栏当中，同时有重点地写入总结栏目当中，也能将具有启迪性的内容输入在其中。你可以凭借任何一部分去回想其他两部分的内容，来测试自己掌握的情况。

第四，关于意义。

《随手笔记》中的三栏架构，其实也可以看作处理资料的三个阶段，朴素的记录、重点的整理到最后的摘要。从这一点看，康奈尔笔记法及《随手笔记》的笔记法，可以延伸到各种用途当中，例如开会的重点，头脑风暴，策划和统筹等。

第五，关于复习。

这样一则以康奈尔笔记法写成的会议记录或策划笔记，可以让我们事后回顾与查找资料时，更容易找到重点，同时也能找到相应的细节。

14
《灵感笔记》：学会捕捉你的决定性瞬间

收集灵感

● **灵感的火花，如果不马上把它记录下来，就会转瞬即逝。**

　　这一节将为大家讲述笔记当中的《灵感笔记》，这也是时间管理当中的重要工具。

　　不知道大家有没有这种经历，在一个人读书或跟人谈话的时候，突然迸发出一些灵感的火花，如果不马上把它们记录下来，它们就会转瞬即逝，事后不论怎么努力，再也想不起来，所以才有了对《灵感笔记》的需求。

● **灵感收集瓶，把散落的灵感及时装在其中。**

　　我们的生活需要一个瓶子，这个瓶子叫作灵感收集器，把这些零散的灵感一个一个及时地全部装在瓶中。如今，我的生活当中不能没有《灵感笔记》，而且我越来越发现，《灵感笔记》在我的生活当中起着不可或缺、至关重要的作用。我在大学时期的一个又一个灵感，包括刚刚创业时的异想天开的想法，如今都慢慢实现。

●**灵感可能不会起立竿见影的作用，但是会在人生的关键点让你逆转。**

在收集灵感的过程当中，我养成了一个习惯，那就是单独记录我所有的灵感，把它们放到一本我从不拖延、立即整理的《灵感笔记》当中。我非常喜欢这个习惯，而且我人生中的很多成绩，都是从这里萌芽的。

被记录下来的灵感，可能马上就在你人生当中起到立竿见影的作用，但更多的时候不是这样，它会潜伏起来，在你人生当中某个爆发点，出其不意地发挥巨大的力量。

《灵感笔记》的要点

关于《灵感笔记》，有五个要点需要掌握：

第一，及时记录。灵感袭来的那一刻，你千万不能等，如果你平时有携带《随手笔记》的习惯，那么就要及时记录在你的《随手笔记》当中，第二天回到家把它们誊抄在你的《灵感笔记》当中。

第二，及时回顾。写完不意味着这项行动的终结，而意味着这项行动的开始，每半年至少要把它们全看一遍，重新思考当时写下的原因，以及对自己目前阶段的发展是否具备适用性。如果已经实现了你的灵感，请在后边打一个对钩。

第三，客观描述。描述灵感的时候，切记要客观而真实，如果脱离了客观实际，将来就无法进行回溯与思考。小说创作除外。

第四，讲话谈资。《灵感笔记》当中写下的内容，可以成为你与人沟通当中的谈资。我每年都有以人为师的计划，向他人学习，这就意味

图 8:《灵感笔记》案例

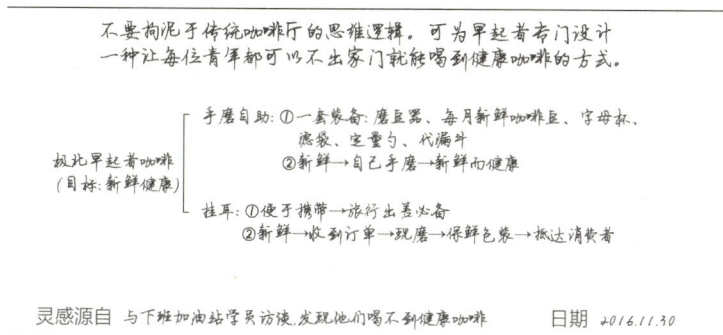

不要拘泥于传统咖啡厅的思维逻辑。可为早起者专门设计一种让每位青年都可以不出家门就能喝到健康咖啡的方式。

极北早起者咖啡
(目标:新鲜健康)

手磨自助:①一套装备:磨豆器、每月新鲜咖啡豆、字母杯、滤袋、宝量勺、代滴斗
②新鲜→自己手磨→新鲜而健康

挂耳:①便于携带→旅行出差必备
②新鲜→收到订单→现磨→保鲜包装→抵达消费者

灵感源自 与下班加油站学员访谈,发现他们喝不到健康咖啡 日期 2016.11.30

着当我向智者请教的时候,不是无准备而来的,通常我的准备都在灵感的素材当中,我只是来向智者进行求证。

第五,等待灵感。要学会把灵感等出来,这需要自己有大量的输入作为基础,比方说学习课程、看书、跟人交流、各地行走、上课,每次输入,都是你灵感来临的机会。

萌姐的三个灵感案例

说到《灵感笔记》怎么书写,我今天讲三个案例,这是我这几年的几个重要灵感。

大家在听我讲述的时候,请一定要这样去思考:张萌是如何输出自己的灵感的?我应该如何去做?

●极北咖啡

极北咖啡是我创立的第二个品牌,诞生于 2015 年,但这个灵感,

绝对不是在 2015 年出现的，而是出现在 2013 年，也就是我刚刚开始创业的时候。

记得我在 2013 年的一段《灵感笔记》当中这样写道：我希望能够让更多的人喝到咖啡，无论是在农村还是城市，无论是学生还是职场人。

写下这句话后没过多久，我就在团队当中招募了一位咖啡行业的专家，还指导了一支北京师范大学的大学生实践队伍，他们的创业项目从起源到最终获奖，都来自我们的指导。此外，在进行咖啡创业的时候，我发现自己在咖啡领域并不专业，于是就跑到一家知名的咖啡连锁机构去做实习生，每天做 9 小时的兼职，洗数百个盘子、咖啡碟和碗，手上全都是伤口，然后晚上就回到单位再上 8 小时的班，那段日子真的让我终生难忘。

我的死拼精神把很多同事都感动了，最终 2015 年的时候，我创办了极北咖啡品牌，在北京开设了门店。但我发现这还是不行，仍然无法实现让大家公平均等地喝上咖啡的梦想。

后来，我们通过构建互联网的道路，将品控做好，价格压到极低，为早起者提供最新鲜的咖啡，起名叫作"极北早起者咖啡"。无论你是在城市还是农村，无论你是职场人还是大学生，都可以喝到跟咖啡厅一样品质的咖啡。这样优秀的产品，最初的来源就是我的《灵感笔记》。

我们的咖啡只有三块多钱一杯，自己手磨，非常方便，解决了即使你没什么钱也想喝咖啡的难题，不用再喝咖啡店中三十几块的咖啡来提神。解决这个难题，最重要的就是咖啡豆。很多咖啡店都使用深度烘焙的咖啡豆，这并不是我倡导的健康咖啡饮用理念，我们的早起者咖啡使用了中度烘焙的黑豆。如果你出差的时候，想要喝到最新鲜的现磨咖啡，我们就在收到订单后把它磨出来。这些全部都记录在当时我的《灵感笔记》上，为日后的发展提供指引。

不能让任何一个美好的灵感随着时间而流逝，你要将它们收集起来，把灵感聚集在一起，最终去改变你的人生。《灵感笔记》会对你的人生产生非常重要的作用，最关键的是一定要及时把灵感记录起来，否则就等于白白丢掉了一笔财富。

●下班加油站

2016 年年底，我开始做社群运营，几个月后，我在《灵感笔记》上写下了一句话：社群运营是帮助教育产品迭代的快速而有效的方法。

这个灵感，源自我们的运营团队——下班加油站，在微信运营社群的时候，听到畅听卡的使用者们反馈了诸多问题。

2017 年春节之前，下班加油站推出了一个年度畅听卡，类似于听课的 VIP 卡，每天花费 9.9 元加转发朋友圈，就可以迅速去听课。刚开始的时候，我们合作的平台，在技术方面没办法识别谁付钱了，无法让学员直接进来就可以听课，而是需要通过第三方转接过来，我们要一个一个地帮助大家在微信上开通链接，非常麻烦，付了钱的学员们在体验上也非常糟糕。

那一天我记得是周日，当时我们畅听卡的购买者都非常不满意，他们觉得已经付钱了，就应该享受到权益，每次听课不应该这么麻烦。那个时候群里边没有启动禁言的功能，谁都可以说话，你说一句我说一句，一下子就找不到重要的听课链接了。当时就引发了一个巨大的问题，就是新加入的伙伴们不知道规则，进入我们的第三方平台，根本不知道怎么去听课，即便发了使用说明书也无法解决问题，因为这个方法实在是太麻烦了。

面对用户的一致挞伐，有人认为，我们要把这个事迅速掩埋掉，不能够让它传播，还有一批人说，不想处理这个事，因为当天是周日，大家都在休息。那个时候我正在开会，了解到情况后，我立刻召集了一个临时会议，不断地讨论如何去解决这个问题，如何让大家简单而快速地聆听课程。

当时参与讨论的人里，有一位发私信给我，说我不应该这样做，并且告诉我正确的方法应该是什么。在他的建议之下，我们迭代了自己的教育产品，得到了一套解决方案，并在第二天以极快的速度，研讨出一套解决机制，让愿意讨论的伙伴们在讨论群讨论，而每一天采用一定的禁言方式，让购买了畅听卡的用户，马上就可以享受到畅听卡的听课服务。这就是社群运营帮助一个产品，尤其是教育类的产品快速迭代的灵感来源。

事后我才知道，那位给我发来宝贵私信的人是一名出色的教育工作者。

灵感就是这样来的，如果不是社群运营，我们收到用户反馈就需要相当长的时间。现在我们采用的方式就是，看到问题马上就解决，这样一来，所有的教育产品都会得到迅速的迭代。

●青年助力者

我们最早就有一套志愿者计划，志愿者在一般的组织当中，都是处于干苦活、累活的位置，比方说端茶倒水、搬运行李、搬运箱子等体力劳动，我总是在思考，做这样的工作，怎么能够提升一个青年的领导力呢？

有一次，我们专门开会，讨论关于青年助力者的专题，还召集了我们当时全球各个社区的理事长参与其中。我们想为青年助力者实行一系列的管理办法，让他们从干体力活，变成社群领导者，领导一个群体。如果一个青年助力者，能够领导几十人、上百人甚至上千人的团队，他就算是一位青年领导者了。这就是为什么我们现在一系列的社群管理，都是由助力者协助完成的。但我们做得还不够，我们还要不断地帮助助力者增加他们的舞台表现力，增强他们的领导力。

2018年，在全球青年大会中，我们专门设置了一个面试专场，由青年导师对青年人进行一对一的面试，这让青年助力者们获得了能够与导师进行面对面对话的宝贵机会，提升了自我认知，提高了自我IP值。

过去，志愿者基本上不会有这样的机会，我们就是不断用《灵感笔记》把灵感记录下来，才能够最终为青年助力者提供这样提升的机会。这是我《灵感笔记》当中的一段文字，没想到如今成了真实的行动。

《灵感笔记》的颜色

在我的笔记本中，《随手笔记》采用了中国红，总结笔记采用了国际蓝，而《灵感笔记》采用了极北黄，为什么呢？极就是"极客"的"极"，指的就是超具灵感而且有创造力的那些人，极北精神就包括这层含义。如果你拥有灵感，如果你总能够捕捉到那些突然被灵感击中的瞬间，只要你能够迅速地把它们记录下来，它们在未来，就会给你带来不可思议的惊喜。

灵感如果不及时捕捉，很快就会消失，你也会忘记它们的存在。在灵感出现而又消失的过程中，无形中你就丧失了一种叫作机遇的东西。所以与其说是《灵感笔记》，不如叫它机遇笔记，请珍藏这本笔记，并且使用它来记录你的灵感，它是让你的人生寻找到不同闪光点的法宝。

我全部的创意，比方说极北咖啡、全球青年大会、立德创业营、师徒制等，统统都来自我的灵感。如果你把灵感收集，并且按照规则进行记录，不断地翻看，就会加深这些记忆，当这些记忆累积到一定的程度，就会推动你的创造能力实现飞跃性的提升。

15

《演讲笔记》：构建你演讲的系统性思维

演讲是输出

在学习的体系当中，有两个系统非常关键：一个是输入系统，另一个是输出系统。

对输入系统来说，可以通过你的课程学习、与人交流、阅读、行走来进行，但输出系统非常不同。输出系统基本上可以分为三种方式：杂志、演讲，以及教学实践。对学习来说，输入和输出同等重要，输入是学习的开始，输出是学习的复盘与总结，所以说学习一项知识理论，不仅要学习记笔记和思考，还需要为自己建立一个输出系统，或者说通过实践来完成。

演讲是一种非常重要的输出方式。

很多人认为，学会了就要去做，但实际上，并不一定刚好有一个平台让他去实践，但每个人都可以拥有一个平台去演说，或者去教学，把学会的知识教出去。

对我来说，每年我都会把自己所学的理论，通过大量的教学实践与演讲进行输出。2016 年，我进行了 150 多次演讲，2017 年的演讲则进行了 384 场。我有一个习惯，每年年底的时候，我会安排下一年度的全年演讲，以确保我的演说能力以及我的知识系统能够输出得卓有成效。

任何的演讲都是要有准备的，不论是国家元首还是世界 500 强的 CEO，都会在演讲之前做大量翔实而充分的准备。在每年全球青年大会上，几十位著名青年导师都会出席，为青年人发表演讲，他们每个人的演讲稿，都是事先经过大量准备工作来完成的，基本上所有导师在正式演讲之前，都会被要求一遍一遍地排练。如果你认为演说能力对你来说非常重要，那么前期的修炼就一定要及早开始，越早开始训练，就能越早发现自己的问题，找到提升的突破口，让自己拥有强大的演讲能力。

以我个人为例，每次演讲前，我都会做大量的准备工作，其中做演讲笔记，是最重要的练习方式，占据了最终演讲结果的 50% 以上。良好的准备等于成功的一半，事先准备好演讲稿，才能确保演讲的输出尽善尽美。我每天都会有演讲，所以我基本上会把一本笔记本随时带在身上，那就是《演讲笔记》。《演讲笔记》对我来说，就像《赢·效率手册》那样重要，它需要时时刻刻在我身边才可以。

《演讲笔记》四步

《演讲笔记》是提升演讲能力的重要工具，它是你演讲和思考的总部和基地。接下来，我会将案例与方法相结合，告诉大家如何做演讲笔记，系统地提升自己在这个方面的能力。

● 界定

首先要厘清的一个问题是，如何界定演讲？日期、时长、场合和人数，这四个关键点非常重要。

日期

日期包括年、月、日甚至是几点。古语有云，天时地利人和，每一天人们的心境都会受到各种因素的影响，比如不同的时令、不同的时刻、节假日等，因此，即便是同样的演讲内容，不同时间来演讲实际效果也会不一样。

白天的演讲与晚上的演讲就是不同的，如果你在晚上进行演讲，听众会比白天疲惫，你的演讲就需要特别生动，在你准备的材料以及语言的范式当中，就必须有抓住他人的东西。

时长

时长直接决定了演讲稿的长度。一般情况下，人们聆听一场演讲超过 18 分钟，就会开始感觉疲劳，失去兴趣，45 分钟则是人们注意力的极限。时长决定了你演讲的受欢迎程度。我的演讲速度，差不多是一分钟说 200 字，大家可以根据自己的语速进行推算，如果让你做一次 40 分钟的演讲，你要事先写多少字的演讲稿。

场合

你在什么样的情景下进行演讲，这一点非常关键。不同的场合涉及不同的装束，甚至是话术也会截然不同，线上和线下的演讲也不一样，甚至对声音的要求也不同，何时用温柔的声音、何时用果断的声音，这都需要根据不同的场合进行调整。在一场演讲中，你希望别人如何看待你，这取决于你的穿衣打扮，甚至是语言的风格，是否符合这个场合。

人数

人数这个界定点特别关键。比方说，我为下班加油站微信线上课堂上第一讲的时候，我认为人数这个指标非常关键，受关注的程度直接决定了我后续的课程是否有人愿意来听，所以你要随时关注听你演讲的人数。

图9：《演讲笔记》案例

演讲题目 《顶级的成功人士如何安排自己的一天》

🗓 日期 *2016.11.14*   📍 场合 *下班加油站微信公众号*

🕐 时长 *90min*   👥 人数 *6000人*

◆ 目标 ☑ *帮助5000+青年建立正确的时间意识*

　　　 ☑ *作为下班加油站首堂课程取得满堂红*

　　　 ☑ *邀请其他导师听我讲课,学会微信课程操作*

　　　 ☐

📋 提纲 ☑ *时间管理的三个误区*

　　　 ☑ *时间管理的三个法则*

　　　 ☑ *时间管理的四大方法*

　　　 ☐

📝 评估 ☑ *影响人数超过预期*

　　　 ☑ *我语速过快,不利于同学们理解记录*

　　　 ☑ *微信课堂互动效果等同于线下课堂,且平台可以保存语音随时回放学习。*

　　　 ☐

🔲   ☐

　　　 ☐

　　　 ☐

　　　 ☐

备注："⊞"处可填写你认为值得关注的角度

● 目标

在任何一次演讲之前，都要想清楚自己的目标到底是什么，是想提升自己的演讲能力，还是希望吸引别人的关注，或是为了销售产品、营销思想，甚至仅仅为了应付工作。

目标不同，结果自然不同，要在演讲前尽量把你的目标量化，模糊不清的目标是无法承载演讲的使命的。既然我们花费了时间和精力在这件事上，它就理应产生相应的结果。

● 评估

既然涉及目标，就会有数据指标来进行考核评估，评估是为你演讲能力提升的主要方式。

● 具体任务

按照具体的演讲任务来准备演讲。比如，你在演讲当中要遵守的礼仪，或者说你的普通话有没有讲标准。任何演讲的目的都不能太多，切忌贪多嚼不烂。在后文当中，我会分享我是如何做演讲准备的，大家也可以通过我的讲述，来了解在各个部分我是如何思考、如何着笔、如何做的，然后努力定义出你自己的演讲目标，这就是模仿学习。

演讲案例分析

● 界定

我这次演讲主题为"顶级的成功人士是如何做时间管理的"，时间是在 2016 年 11 月 14 日，时长是 90 分钟，地点是下班加油站的微信公众号，目标听众人数是 6000 人。

● 目标

我的第一个目标。希望能帮助至少 5000 名小伙伴建立正确的时间管理意识。这个目标我达到了，而且如今听到这场演讲的小伙伴的数量已经远远超过了 5000 人。

我的第二个目标。作为下班加油站的首堂微信公众号演讲课程，我希望能够取得满堂彩的效果。事实上，这确实是人气超旺的一堂课，成千上万的小伙伴聚集在一起听我讲课，许多小伙伴也是通过那一节课，才第一次认识我。

我的第三个目标。我们已经确定了 2017 年整年的导师邀请范围，但这些导师都没有用过微课分享平台，这该怎么办？我通过我的演讲，给各位导师做了示范。当天在线上演讲课堂中，真的有很多的导师前来学习我在演讲方面的操作。

这三个目标全都实现了。任何一次演讲，如果不设定目标，那就是乱讲，如果设定了目标，这就是一次真实而有效的讲演，因为只有目标才会指导你如何行动，怎样努力，如何应用时间。

● 提纲

前面的章节，我讲述过康奈尔笔记法，这个笔记左边的大纲栏，就是演讲稿的知识点汇总，它能确保这场演讲不跑题，不论我讲多长时间，我的中心内容都不变。

● 评估

评估很重要，因为它是事后行为。当天在我的评估当中，那场演讲的人数远远超过了我的预期。此外，在微课的授课过程当中，我的语速常常过快，不利于同学们去记录理解，尤其是不利于那些记笔记的同学，同时，由于我想讲的干货特别多，时长也超过了最佳的 45 分钟，那么我就需要去提高自己的语速，让大家在短时间内接收足够的知识点，然后通过不断复听，去真正理解。

当时我突然感觉到，直播平台当中的微信课程的互动环节特别好，但是直播平台不容易进行反复回听，原因包括网络环境的限制等。根据这些反思，在以后的演讲过程当中，我就会做相应的调整。

●金句

金句就是那些像金子一样闪闪发光的句子，任何一场演讲，都需要有让人一生难忘的句子。因为记住了这句话，人们也就记住了你的这次演讲。我经常重复去说很多我独创的金句，比如"早起会让你的一天比他人多活出半天的精彩"，好多伙伴都学会了这句话，而且非常喜欢。我还说过"情商就是真诚加换位思考"，自从我讲完之后，很多伙伴也开始学着去说了。

每篇演讲稿，至少要先写出一个金句，再慢慢地增加到三个，并把它们背诵熟练。在我每次演讲的准备过程当中，我都会把金句提前想出来，然后反反复复琢磨好几天，看它是不是足够经典，是不是足够让大家铭记。

下班加油站每天的手机壁纸上，都写了一句金句，而且是中英文双语的。如果你觉得你经常想不出金句来，我建议你每天把手机壁纸上相关的句子抄到你的效率手册上，如果你一天能记住一句话，一年就能记住 365 句，这将是你在演讲方面极为重要的金句储备。

●演讲稿

我们一定需要写演讲稿，任何演讲都需要做到提前准备。很多世界500强的CEO，包括全球青年导师，即使自己已经是真正的牛人，每次演讲之前，他们仍然会做大量准备工作，其中写演讲稿，就是最重要的一项。

为什么要写稿？有准备的稿件，会实实在在地帮助你提升演讲的能力。演讲前的准备，演讲中的实践，演讲后的反思，都绝对不会是浪费时间，而是让你事半功倍地提升自我。

任何一次演讲，都需要对场合以及听众人数进行评估，不同的场合，你的话术就会不太一样，不同的人数，你的效果就会不太一样。关于演讲稿，请记住以下几个要点：

第一，要写下全篇的演讲稿，不能仅仅是大纲而已。

第二，演讲稿当中段与段之间，一定要保持相应的距离，用来写一些你的动作和你的神态表情，甚至你会在演讲中插入的背景音乐等，因为"演讲"，它除了"讲"，也包含着"演"。

有关《演讲笔记》

●努力看得见

以上六个部分，就是演讲准备的全部内容。大家可以设想，如果在你每一次演讲的时候都用《演讲笔记》，上面密密麻麻地写着你演讲的方方面面，包括各大部分，包括你的金句，包括你的提纲，以及你的逻辑、你的评价，那么你努力拼搏的过程都是有迹可寻的，是可以被你自己看到的。那么每当你手握着《演讲笔记》，心中都会有巨大的成就感。

●智者绿

在我的笔记中，《演讲笔记》的外皮，选用的颜色是智者绿，也就是墨绿色，希望大家可以像智者一样去说话。

人人都需要会说话，名人有他们的语录，我们也需要有自己的语录。演讲能力是一项越早掌握就越早给你带来反馈的能力，不光要学会如何说，更要懂得如何让自己提升，因为沟通与演讲能力，是你立于不败之地的硬本领，而《演讲笔记》，能够事半功倍地帮助你提升这项硬本领。

16

《读书笔记》：构建你阅读的效率系统

读书是输入

在学习体系当中，输入与输出是两条重要的学习道路，输入可以从读书开始。

不知道大家有没有这样一种体验，有的时候我们觉得一本书相当精彩，但读过没多久，你就忘掉了其中的一切，甚至一句话都没记住。这就意味着输入如果不被记录，就很可能被遗忘，因此输入必须被记录，尤其是有重点地去记录，才能把知识点充分地吸收。

任何一本真正的好书，都是经过作者至少 10000 小时的学习积淀，再经过数月甚至数年的写作完成的，如果你什么营养都没有汲取到的话，只能说抱歉，你亏大了。如何不亏大，如何将一本书读得有水平，如何将一本书真正的养分吸收进来，这是我们必须要提升的技能。

《读书笔记》的前提

● 成功人士都有做读书笔记的习惯

这些年我一直在工作之余，与下班加油站的导师们一起探讨他们的读书学习方法以及读书习惯，渐渐地，我发现，那些真正受益于读书的人，其实都有一套系统的读书方法，这些读书的方法是慢慢养成的，最终转化为习惯的一部分。应该这样说，读书方法的养成，绝不是一蹴而就的，它需要慢慢地理解，慢慢地改善，最终形成习惯的力量。

巧合的是，读书和抄书，几乎是每一个成功人士共同的习惯。有人可能会困惑，萌姐难道要我们抄书吗？没有到抄这么夸张，但要写读书笔记。

● 什么样的书应该做笔记

选好了要读的书，接下来就要学会在读书的时候做笔记。书写读书笔记一定要搞清楚的是，什么书应该被记录在读书笔记当中，什么书不应该被记录在读书笔记当中。有些书，你真的不必再读第二遍。其实读书就是为了知道这本书里讲了什么知识点，对于那些只读一遍便领悟其中精髓的书，我们一气呵成读完就好，顶多摘录几条金句，无须再浪费时间去读第二遍。我有个习惯，就是把这类书，放在我书架当中最不明显的位置，比方说书架的最底部，或者是读完就干脆丢掉。

我不是一个喜欢囤积物品的人，相反，随着时间的流逝，我越发倾向于过极简主义的生活，我不喜欢囤积任何跟我的目标以及情怀无关的东西，那都是对生命和生活空间的浪费。读书的目的是获取知识，了解别人的观点。对于那些你不会去读第二遍的书，其实你可以将它送给你身边的人，或者捐赠给图书馆，在极北咖啡的书架上，很多的书都是我阅读过后捐赠的。

但有一些书，我觉得里面的知识量很大，是值得我反复再读的，并且能够记录在读书笔记上。这样的书，我会购置两本，一本留在我家，一本贡献给极北咖啡，等待更多的有缘人来共同学习。还有一类书，是我真心想要珍藏的，这类书通常是系统的工具书，把我从无到有地带向另一个知识领域的新高度以及新的认知高度；或者是一本我特别喜欢的人物传记，比如曾国藩的传记以及每一本写他的书，我都珍藏着；或是表达了新的认知观点，以及引导潮流和趋势的书，书中的观点启迪了我重新思考生活，作者的系统思维带我离开了自己的认知误区。这些书，包括很多历史、哲学的书籍，都在我生命当中占据着不可替代的位置。

● 好的书籍值得被铭记

我会用两种仪式来铭记一本好书：一是在书的内页当中，印一个刻有我名字的方印——萌之印，并在下面写下我第一次读这本书的具体时间，有点像"张萌到此一游"的功效；二是我一定要写一篇读书笔记，如果我认为这真的是一本好书，我所有的启迪以及思索都会呈现在这本书的读书笔记当中。

任何一位希望建构自己硬本领的同学，你们在提升过程中，一定会涉及阅读。阅读是你与作者导师的对话，也是你人生当中最重要的部分。如果你给自己设定的目标是一年读 50 本书，也就是一星期读一本，按照二八定律，那么这其中至少有十本好书，甚至更多，需要你去记录在读书笔记当中。

没有写下读书笔记或阅读笔记的阅读，其实就相当于没有阅读。人不能太过于相信自己的记忆能力，新的知识来了，旧的知识就可能被挤占掉。你写了读书笔记，如果有机会做对比，你会惊异地发现，自己在逐年进步，你比几年前真的不是进步了一点点。你让自己的进步可以被看到，可以被验证，这是对自己的肯定，也是对自己辛勤付出的认可。

大年三十那天，是我的全年回顾日。在这一天，我会把自己关在房间当中，把我读过的所有书以及读书笔记整理一遍，把效率手册以及总结笔记看一遍，看看这一年我做了多少份周报、做了多少次演讲、行走到了什么地方、收获了多少灵感、记录了多少随手记、以 50 人为师的计划进展如何、社会资本拓展到什么程度。

各位伙伴，去年的你这个时候在做什么？跟谁吃的饭？你学到了什么？这些事情量化成了多少时间、用了多少心思、花了多少钱，你是否有个统计？有的人做统计，自己每一步的提升都在自我掌控当中；有的人不做统计，运气来临时行大运，运气不好时只好走背字。这就是统计的魅力和价值。

●读书笔记帮助你将知识内化

读书的方法，以及如何做反思，都在读书笔记中有具体的体现，读书笔记是帮助你快速吸收以及消化书籍知识点的有效途径。

很多人看书都是囫囵吞枣，看一本丢一本，你问他这一本书的思路是什么，他说不知道，问他这一本书有多少章节，他说记不得，甚至你问他有没有记住书里的一句话，他都答不上来，这样的读书就是白读，无论一年读一本，还是一年读 365 本，本质上没有任何区别，因为没有将任何的信息内化成自己的知识体系。

读书笔记四大板块

在读书笔记当中，有四大板块：

● 第一大板块是金句

读一本书，能记住一句话，也是了不起的，证明你读书的时间没白花，这本书你没白读。无论是好书还是烂书，我读完之后都会有一个习惯，那就是把书中一些特别好的话摘录下来，这个习惯结合了几个导师的读书习惯。

我常跟青年导师交流读书之道，其中一位世界500强创始人无意中透露了自己的阅读习惯，他一般白天不拿笔记本，仅拿一本书，用铅笔把阅读的重点内容划线，晚上他喜欢在写毛笔字的时候，把那个小本子上铅笔划线的内容全部摘录下来，也就是白天看，晚上写，天天如此。这是他坚持了很多年的习惯，他把这叫作做功课。他创办企业，并且将之打造为世界500强公司之一，这样的成绩跟他良好的读书习惯有多少的关系？我想道理自在其中。

因此，读书一定要读出金句，如果你还能够背诵这些金句，并将它们烂熟于心，那就更好了，要争取让它内化成你自己知识体系的一部分，在关键时刻讲出来。在实践过程当中能把道理用出来，你就真正获得了成长，你花在这本书上的投资就收回来了，时间没白花，书没白读。

摘录不光要将金句写下来，还需要把那些特别重要的相关部分摘录下来，同时要把日期写在读书笔记的前半部分。按照老习惯，我给大家展示一个案例，方便大家学习。这是读者在读我出版的《张萌分享：青年领导力》这本书时，做的摘录。

图10：《读书笔记》金句案例

　　改善你的自控能力其实并不是一件大刀阔斧的工程，无须背上"洗心革面"的重负。故轻松，我们可以从一些小习惯的改变开始。与自己约定，试着去控制一些以前你不会用心为之的小事。比如每天坚持清扫房间散步三十分钟，记录自己的开支等。想想你的目标是什么，然后每天坚持做一些与之相关的事情。这些小事未必立竿见影，但却终将产生惊人的效果。

　　不要小看这些坚持，它会在某个不经意的瞬间改变你整个人生。在读大学期间，为了提高英语口语能力，我默默与学校里的小树林做了个"我与小树林的1000天"约定：每天来这里读1小时的外文做到1000天为止。在那1000天里，我每天清晨都在小树林里大声朗读英文，无论严寒酷暑，风雨冰雪，从来间断，以至于大家路过小树林看到我即使不看表也会知道那时是几点，甚至送给我"定时闹钟"的外号。很多记者在采访我的过程中都会问到这一问题："张萌，你这1000天是怎么过来的？"

摘自　《张萌分享：青年领导力》　　　　　　　　　　日期 2017.1.1

　　你一直小心翼翼，殊不知能绕过去的都不叫困难，困难需要人们迎面而击。

摘自　《告别演讲恐惧》　　　　　　　　　　　　　日期 2017.1.1

●第二大板块是目录

我不知道大家读完书以后，对自己是否读懂这本书有怎样的判断标准。我有一个最基本的考察办法，就是你是否至少能够写出一本书的大纲，也就是目录。

读过一本书，你能默写出它的目录，就是掌握了这本书的逻辑架构。什么是一本书的逻辑结构？指的就是大纲或者目录。作者的写作逻辑，一定会呈现在书籍的目录当中，因此能够写下目录，就说明你能掌握这本书的思考逻辑了，能跟得上作者的思路与步伐，真正站在作者的角度去看待问题了。很多同学都说，自己的逻辑思维能力不好，但如果你想训练逻辑能力，最好的方式就是读一本书，默写这本书的目录，再与这本书的目录做对比，没有默写下来的章节，就是没有了解的内容。如果你现在还不行的话，可以把目录摘抄一遍，以后再慢慢默写。以后，当别人问你有没有读过某本书的时候，你不仅可以回答看过，还能复述里面的逻辑结构。

●第三大板块是思维导图

思维导图结合了前面的目录和金句，自由度更高，可用以对全书的逻辑进行归纳与总结。我邀请了下班加油站的早起班主任小邹，为我的第四本书《告别演讲恐惧》做了一个思维导图的案例。

在这篇范例当中，有大的章节目录，有每一章的金句，日后翻看这篇思维导图的时候，不仅能够了解全书的思维框架，还能够知道画导图的人关注的重点是什么，以及关注的细节内容是什么。不过，思维导图的内容，不必完全按照这本书的章节来进行，范例的思维导图当中，主要分支与小分支的关系，并不是简单地照搬原文，而是融入了绘图者自己很多的思考。你可以根据个人理解的情况来对内容进行拆分重组，找到适合自己的章节重点，然后制作出一篇有个人特色的思维导图。

●第四大板块是反思

读书不能没有反思，每一本书阅读结束时，都需要在读书笔记中回答几个问题。如果你能将这些问题回答出来，也算是真正地了解了一本书，进行了一次有效阅读。

问题一，通过这本书你学到了什么？对全书的干货知识做一个分类总结，构建自己的知识体系。如果有人想了解这一方面的知识，你可以更方便地推荐给他。

问题二，哪些知识是你过去从来没有听说过的？如果这一栏的内容你能写出很多很多，那么我建议你一定要复习这本书：一方面它帮你开拓了思维，扫清了盲区，是一本不可多得的好书；另一方面则是因为，新知识容易被遗忘，你需要不时回头去复习。

问题三，这本书对你的帮助是什么？相较问题一的干货知识，这个问题更多地关注你的个人思考。也许这本书帮助你认识了一个新的领域，也许这本书帮助你打开了某个心结，就算这本书对你没有什么用处，它实际上也帮助你完善了筛选书籍的标准。

一本书不论是好是坏，只要读了，都对你有所帮助。即使你的时间非常有限，也要经常翻看和阅读读书笔记，相信同学们通过读书笔记的引导与使用，可以掌握高效阅读的硬本领。

读书是学习体系当中输入环节的重要途径，让每一本书不仅停留在眼中，更要记录在脑海当中，成为自我知识体系的一部分，你一定会因此而飞速成长。

我的读书笔记，在颜色上选用了哈佛红，跟哈佛大学的校徽颜色一致，希望每一个爱阅读的人，都能够像哈佛大学的人一样知识渊博、拥有智慧。

图11：《读书笔记》萌姐目录案例

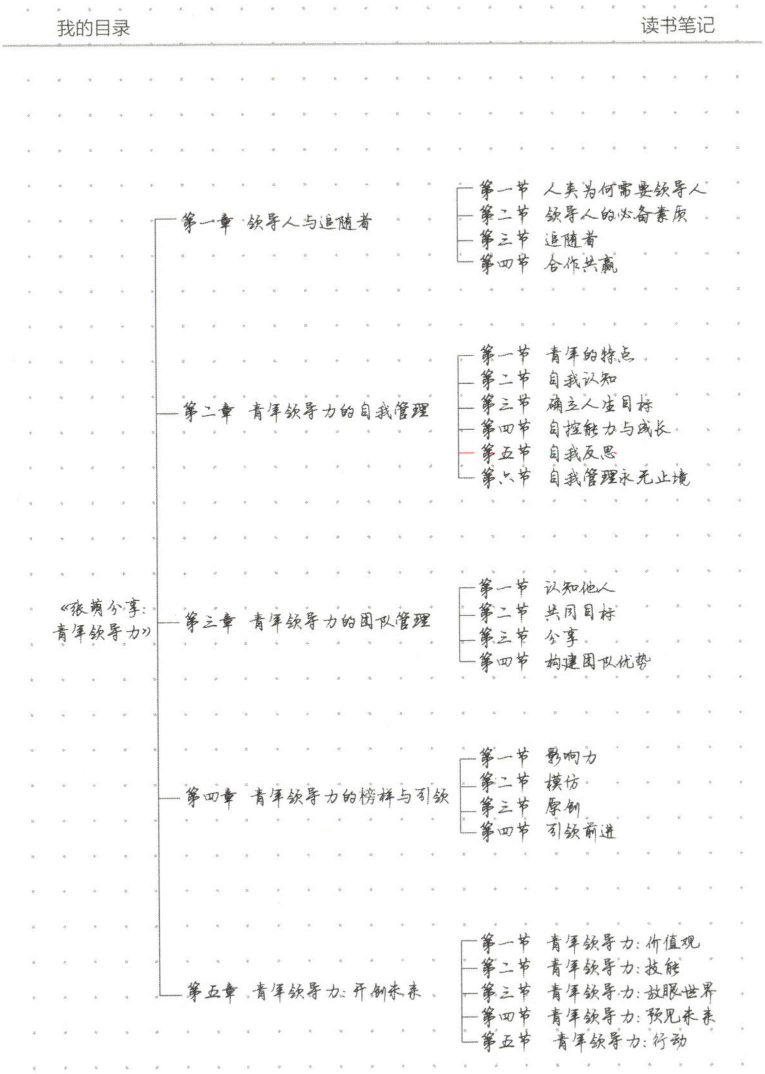

图 12：《读书笔记》思维导图案例

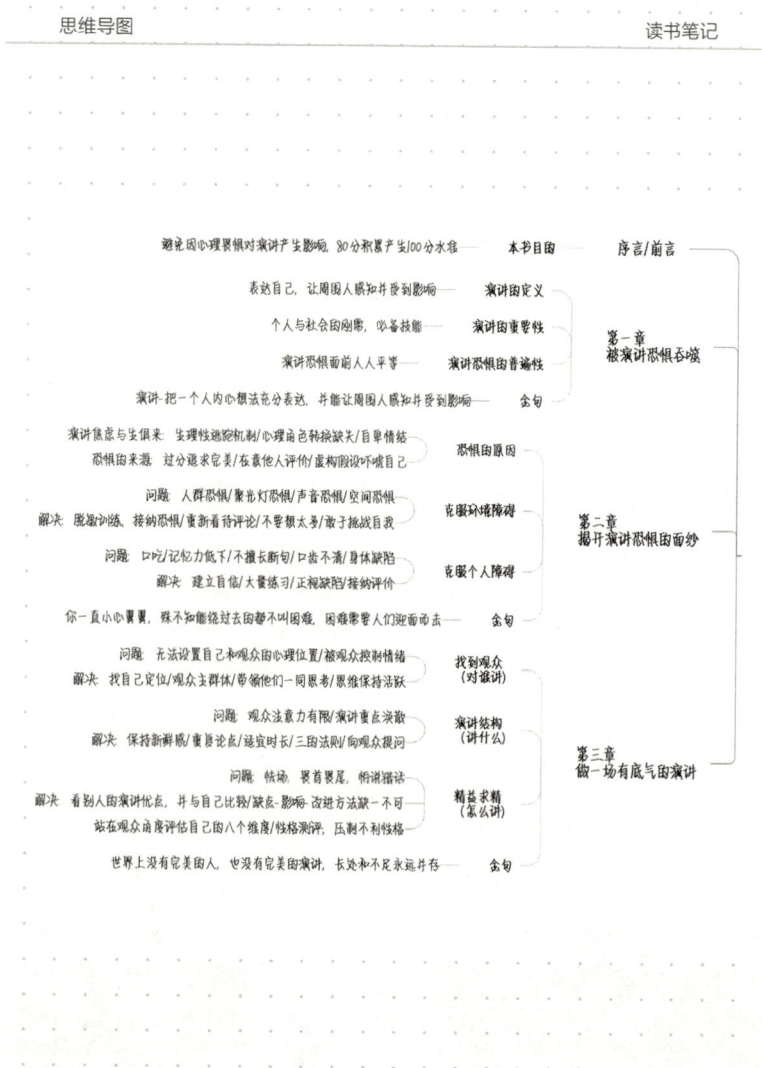

思维导图 　　　　　　　　　　　　　　　　　　　　读书笔记

避免因心理畏惧对演讲产生影响，80分积累产生100分水准 ── 本书目的 ── 序言/前言

表达自己，让周围人感知并受到影响 ── 演讲的定义

个人与社会的刚需，必备技能 ── 演讲的重要性 ── 第一章 被演讲恐惧吞噬

演讲恐惧面前人人平等 ── 演讲恐惧的普遍性

演讲：把一个人内心想法充分表达，并能让周围人感知并受到影响 ── 金句

演讲焦虑与生俱来：生理性逃跑机制/心理角色转换缺失/自身情结
恐惧的来源：过分追求完美/在意他人评价/虚构假设吓唬自己 ── 恐惧的原因

问题：人群恐惧/聚光灯恐惧/声音恐惧/空间恐惧
解决：脱敏训练、接纳恐惧/重新看待评论/不要想太多/敢于挑战自我 ── 克服环境障碍 ── 第二章 揭开演讲恐惧的面纱

问题：口吃/记忆力低下/不擅长断句/口齿不清/身体缺陷
解决：建立自信/大量练习/正视缺陷/接纳评价 ── 克服个人障碍

你一直小心翼翼，殊不知能绕过去的都不叫困难，困难影响着人们的迎面而去 ── 金句

问题：无法设置自己与观众的心理位置/被观众控制情绪
解决：找自己定位/观众主群体/带领他们一同聚焦/思维保持活跃 ── 找到观众（对谁讲）

问题：观众注意力有限/演讲重点涣散
解决：保持新鲜感/重复论点/适宜时长/三段法则/向观众提问 ── 演讲结构（讲什么） ── 第三章 做一场有底气的演讲

问题：怯场、畏首畏尾、胡诌瞎话
解决：看到别人的演讲优点，并与自己比较/缺点-影响-改进方法缺一不可
站在观众角度评估自己的八个维度/性格测验，压制不利性格 ── 精益求精（怎么讲）

世界上没有完美的人，也没有完美的演讲，长处和不足永远并存 ── 金句

17
《旅行笔记》：让行走有力量

旅行是输入

● 《旅行笔记》的意义

在学习体系当中，输入与输出是两条重要的学习道路。输入可以从读书开始，从行走当中提升，但输入有累加效应，这就意味着若不被记录，输入的一切很快就会被遗忘。因此输入必须被记录才行，尤其是有重点地去记录，才能把看到的、学到的、交流到的以及思考到的内容，充分地吸收，真正变成自己的知识系统。

不知道大家有没有这样的体验，有的时候我们觉得一次游学或是参加会议的经历相当精彩，但是没过多久，记忆就变得模糊了，渐渐就全部忘记了。

而任何一次行走，都花费了你几天甚至是更长的时间以及财务的成本，你有必要将所有的成本赚回来，你需要充分吸收行走产生的全部能量，你需要一本《旅行笔记》。

● 减少无意义的浪费

我每年都会有一百次以上的行走，光是打包行李，每年就要打包至少200次。我是一个喜欢一次性解决问题的人，时间这么宝贵，如何能够快速打包我的行李呢？能不能有一套标准的模板化的动作，来指导我打包行李的行为？除了行李以外，我每次行走不应该只是为了娱乐、学习或出差，能否有一些认知上的提升？如果是长途的话，我在交通工具上时该做些什么，旅行过程当中，我是否仍然能坚持每天早起和学习？要将这一切想法付诸实践，一本《旅行笔记》就显得非常重要。

根据我对上《人生效率手册》这门课的学员的调研，很多人打包行李需要三四个小时的时间，甚至是一天的时间，我居然看到有些同学的每日三目标当中，其中一项就是打包行李。如果我也把打包行李列入每日三目标之一，那么我每年有至少二百天都要花很多时间打包行李，这件事花这么长时间，能给我带来什么回馈？什么都没有，所以我需要一份工具，一个装备，能帮我减少这些无意义的时间浪费。

行走的思维方式

关于行走，我们要建立如下思维方式：

● 第一，要有模板意识。

说到《旅行笔记》，每一次当你旅行的时候，即便你的目的是放松身心，也不能完全漫无目的，你的旅行一定有起点也有终点，有周期也有经费预算，也有要达到的目标，比方说修养身心，这就意味着，你需要做计划—实施—总结—评估，形成一个旅行步骤的闭环结构，让自己的旅行能够在自己的掌控当中。对那些商务旅行以及访学行程来说，精准的步骤更为重要，你所有的投入都需要获取同等甚至是更多的回报，这就意味着你需要做充分的准备。

因此每次旅行都要为自己设定一个基础模板，比方说，本次旅行的目的地是哪儿、时间是多长、要达到的目标是什么。这个模板设置在第一页，每次旅行前，你必须先填写这一页，这是我一贯倡导的目标性思维。

社交方面的需求也非常重要。每一次旅行的过程当中，有没有值得交往的对象，这就是你社交方面的需求，需要把它列出来。此外，购物清单也是一个必备要素。旅行的过程当中，肯定会买买买，将美好的回忆寄托于美好的物件上，但是你在买之前，一定要做好功课，想好购物清单，千万不能突发奇想去购物。

●第二，要高效整装收纳。

如何高效整装收纳，我相信各位小伙伴都很想知道。我过去曾给内部团队分享过自己的经验，我会把所有的事项都加以分类，不同的类别意味着要有不同的装备以及物品，每次出发之前，我都会翻开这一页，把需要的物品勾选出来。

我的分类包括以下这些部分：

第一部分是证件。

每一次旅行一定要携带证件。每一个人都有身份证，也可能有护照、港澳通行证、台湾通行证、学生证等，这次旅行你需要带什么，就直接勾选出来。同时还需要有驾照、机票、行程订单、信用卡、名片、卡片、书籍、文件，当然还包括笔记、效率手册等。

第二部分是电子产品。

常常需要携带的电子产品有手机 iPad、Kindle、转换插头、健康手环、移动电源、连接线，等等。

第三部分是健康补给品。

我有一个专门的小药箱，里边有我的止痛药、消炎药、退烧药、维生素、肠胃药、创可贴、感冒药、驱蚊药、外用药，等等。有一些小伙伴有一些自己需要的药品，自己添加即可，比方说，糖尿病患者及慢性疾病患者，需要携带相关的药品。

第四部分是生活必备品。

比方说口香糖、速溶咖啡、水杯、纸巾、湿纸巾、个人卫生用品、隐形眼镜、唇膏、护手霜、免洗洗手液、雨伞、指甲刀、行李打包带，等等。

第五部分是洗护用品。

比方说沐浴露、洗发水、护发素、浴巾、洁面爽肤水、精华乳液、日霜、晚霜、眼霜、精油、面膜、牙刷、牙膏、香水、防晒霜以及发卡，等等。

第六部分是衣物。

比如说内衣、袜子、打底衫、开衫、T恤、短衫、短裤、长裤。出差的时候需要带休闲装、正装以及商务装，甚至是礼服，还包括各种各样的睡衣、拖鞋、泳衣、泳帽、泳镜、围巾、手表、首饰、太阳镜、装饰镜，等等。

合适的衣物携带，能帮助你应对各种场合。涉及正式场合，你就需要考虑是不是要带一套正装，如果要去的地方风景特别美，就需要带一些拍照很漂亮的衣服。

每年的7月，都会举办全球青年大会，每到这个时候，我们都需要大家准备两类服装。一类是商务正装，男士的话需要穿西装，打领带或领结，女士同样需要正装，或者是裤装以及裙装。第二类是礼服，因为大家会参加一些慈善晚宴、公益晚宴等。具体的着装要求，大家一定要事先跟主办方确定清楚，确保不会带错衣服。

第七部分是交通工具上的随身清单。

这个部分是我经过实践之后提炼总结出来的，它真的是独一无二的。如果你有坐飞机的习惯，就会知道交通工具上需要一个随身清单，因为你的行李会被提前托运，或者说放在头顶的行李架上，你需要一些随身物品，要把它们提前取出来，放在前方的座椅口袋当中，或者是脚下。

那么，随身带什么呢？建议清单当中包括 iPad，记得要事先下载好相应的电影，以及电脑、耳机、面膜、眼膜、隐形眼镜、头枕、充气眼罩，当然还包括旅行笔记等，甚至也要有纸巾、口香糖、围巾以及长途旅行当中建议大家带上的防静脉曲张袜。

第八部分就是任你自由发挥的部分。

每个人携带的装备都不会完全相同，比方说，一些特殊人群就需要在行走当中携带一些特殊的装备，你需要按照自己固定的装备习惯来完成你的清单。

● **第三，旅行需要记录你行走的心得。**

很多人一上飞机，就会涌出很多好的创意，以及对旅行的反思，那么建议你在装备篇后面的旅行笔记部分，记录下你的旅行心情，贴上你喜欢的照片、明信片、邮票，甚至是请旅行的同伴为你写上一句话，用书写表达出你对行走的感悟。关于旅行笔记的设计，如果用一个颜色去定义，我认为是蒂芙尼蓝。

我们可以设想，当你的旅行笔记在书架当中排成一长列的时候，我相信你会充满无与伦比的成就感。我们常说，身体和心灵总有一个要在路上。高效的旅行管理，能够让你身心愉悦，糟糕漫无目的的旅行，会让你身心疲惫。希望大家能够应用好旅行笔记，帮助你管理好自己的行程，让旅行更加美妙，让行走有力量。

图13：《旅行笔记》行李清单

行李清单

证件

☐ 身份证　☐ 护照　☐ 港澳通行证　☐ 台湾通行证　☐ 学生证
☐ 驾照　☐ 机票/车票　☐ 酒店订单　☐ 行程计划　☐ 现金　☐ 信用卡
☐ 名片　☐ 赢·效率手册　☐ 赢·我的笔记　☐ 书籍　☐ 笔　☐ 保险
☐ 演讲手卡　☐ 文件资料

电子产品

☐ 手机　☐ 手机充电器　☐ 相机　☐ 电脑　☐ iPad　☐ Kindle
☐ 转换插头　☐ 充电线　☐ 投影仪连接线　☐ U盘　☐ 移动硬盘
☐ 存储卡　☐ 移动电源　☐ 随身WiFi　☐ 读卡器　☐ 健康手环

健康补给品

☐ 止痛药　☐ 消炎药　☐ 退烧药　☐ 维生素　☐ 肠胃药
☐ 创可贴　☐ 感冒药　☐ 驱蚊液　☐ 外用膏药　☐ 藿香正气水
☐ _____　☐ _____　☐ _____　☐ _____

生活必备

☐ 口香糖　☐ 口气清新液　☐ 漱口水/牙线　☐ 极北早起者咖啡
☐ 极北挂耳咖啡　☐ 水杯　☐ 纸巾/抽　☐ 湿纸巾　☐ 个人卫生用品
☐ 隐形眼镜盒　☐ 隐形眼镜液　☐ 隐形眼镜　☐ 唇膏　☐ 护手膏
☐ 免洗洗手液　☐ 指甲刀　☐ 雨伞/衣　☐ 行李打包带

行李清单

洗护用品

☐沐浴露　☐洗发水　☐护发素　☐浴巾　☐洁面产品　☐爽肤水

☐精华　☐乳液　☐日霜/晚霜　☐眼霜　☐精油　☐面膜

☐牙刷/牙膏　☐香水　☐彩妆　☐化妆工具　☐防晒霜　☐发夹/绳

衣物

☐内衣　☐袜　☐打底衫　☐开衫　☐T恤　☐短裤　☐长裤

☐休闲正装　☐商务正装　☐礼服　☐运动服/鞋　☐睡衣　☐鞋/拖鞋

☐泳衣/镜/帽　☐帽　☐围巾　☐手表　☐首饰　☐框架眼镜

☐太阳镜　☐装饰镜　☐早起T恤　☐LEAD棒球服

交通工具上的随身清单

☐书　☐Kindle　☐iPad（提前下载电影）　☐电脑　☐文件

☐耳机　☐面膜/眼膜　☐隐形眼镜　☐头枕　☐眼罩/蒸汽眼罩

☐赢·效率手册　☐赢·我的笔记　☐笔　☐纸巾　☐湿纸巾

☐口香糖　☐围巾　☐防静脉曲张袜（长途旅行）　☐＿＿＿＿＿＿

我的装备

☐＿＿＿　☐＿＿＿　☐＿＿＿　☐＿＿＿　☐＿＿＿

☐＿＿＿　☐＿＿＿　☐＿＿＿　☐＿＿＿　☐＿＿＿

CHAPTER 6 第六章 自我管理的体系

人生
效率
手册

重塑
升级版

01
过有准备的人生：构建你的输入系统

系统论

　　《人生效率手册》这本书马上就要结束了，前面讲述了一系列的知识点，以及知识点对应的具体工具，接下来，我会从系统论的角度，来讲述"人生效率手册"这门课。

　　什么是系统论？打个很简单的比方，我早晨有喝新鲜榨汁的习惯，那么我就需要一个榨汁机。任何一个榨汁机都是一个系统，放进去的是什么，经过刀片的具体加工，就会出来什么样的果汁。比方说我想喝一杯西瓜汁，如果我在榨汁机里放了黄瓜和葡萄，请问能榨出一杯西瓜汁吗？那么这套系统就会出现错误，黄瓜和葡萄通过榨汁机的加工，是无法生产出一杯西瓜汁的，因为我们的输入是错的。

　　想要一杯西瓜汁，不能放入黄瓜和葡萄。进一步地说，如果我们的需求是喝一杯细腻的西瓜汁，那么榨汁机的刀头如果不够锋利，功率不够大，打出的西瓜汁就会比较粗糙，不符合要求。

　　人生就像是榨汁机，你的输入和处理系统决定了你的输出。很多人会责难机遇，说自己是因为运气不行，所以才无法人生开挂。对此我的看法是，其实你取得的一切成果，都可以用输出来代表，输出严格地取决于你的输入，以及你是如何处理这些输入的，即你是如何消化和吸收自己的输入的。人和人之间的不同，本质上就在于此。

"人生效率手册"这门课，其实解决的就是你如何输入以及处理系统的问题，具体来说，即人的知识和技能的来源以及消化吸收，即时间管理、效率管理、目标管理、精力管理，它们决定了你的输出，也就是你的实践能力、写作能力，以及演讲能力。

系统输入

温馨提示，大家在学习这一节的时候，可以适当地翻看前面各节的知识点，以及相应的工具，因为后面的章节会把前面的内容全部调动起来，包括点与点之间的关联，以及知识点与工具之间的交相辉映。

首先是输入，即人的知识技能的来源。

当你是一个小婴儿的时候，你什么都不懂，那么你的输入就是零。慢慢地，你学会了走路、读书认字、写作和说话，这些都是知识与技能，想要掌握最佳的知识与技能，前提就是要搞清楚你的知识与技能的来源。

人与人之间的差别，你看他们的朋友圈质量就知道了。这句话背后的意思是，你朋友圈的质量，决定了你每天的信息输入，也就是你所了解信息的质量。

输入体系的四种模式

谈及输入，主要有以下四种模式，分别是：阅读、与人交流或以人为师、培训或会议，以及行走。

●第一部分：阅读

阅读，不仅仅是学习一本书。我在前面的章节已经讲过如何读一本书。其实读一本书，是向作者的知识系统学习，这个知识系统是靠他在这个领域的深耕习得的，因此，读一本书，你有可能是在读300本书，那么，自然就会遇到读不懂的地方，需要通过读书笔记来梳理。

此外，读书不要跟风，不能别人读什么，你就读什么。每个人都应该根据自己的所需学习，那么，请专业人士推荐书籍也非常重要，要确保他在这个领域有 10000 小时以上的学习累积。我每年都有以人为师的计划，向 50 个人物学习，这需要我根据今年的发展提升目标，去寻找那 50 个人物，并且认识他们，向他们请教，请他们推荐书籍。一般在这个领域当中有 10000 小时以上积累的人推荐的图书，质量会更高。此外，你更应该掌握记录读书笔记的方法，思维导图是不错的记录工具。

●第二部分：与人交流或以人为师

人是知识与技能的载体，向你以人为师计划中的人物学习，是自我快速提升的良好依托，同时，最好能事先做好充分的准备和调研。做沟通之前，应该有一个沟通提纲。康奈尔笔记法，是能帮助你记录沟通交流的最好方式之一。社会资本是你构建以人为师计划的前提，大家可以回顾前面的相关章节，巩固知识点。

●第三部分：培训或会议

任何课程的学习，以及优质的会议，都是蕴含相关体系的。这跟与人交流不同，与人交流一般有一个主导方，会决定话题的开展以及时间的长短，但是课程以及相关会议，都是有提纲的，只需要运用康奈尔笔记法以及思维导图术，就能很好地记录和学习。

● 第四部分：行走

　　行走有力量，这个力量会让你重新思考，获得新的灵感或者认知。旅行笔记，将帮助你拥有高效而有价值的行走。

　　以上就是输入的四个部分，也是知识与技能获取来源的综合体系，如果你在某一点做得还不错，恭喜你，如果你这四点一个都没有涉猎，那么很抱歉，你现在的知识输入是无序的。

　　人，要过有准备的一生。其中一层的理解就是，你的输入体系要能够自我区分得开。用一个很小的例子就可以验证，你做笔记的时候，是否真正地对知识进行了梳理呢？你是无序地做事，还是有掌控地进行学习？你今年学习了多少门课程？去多少个地方体验过？与多少位人物进行过交流？阅读了多少本书？

　　我每年都会阅读 100 本书，每年向 50 个人物进行学习，每两三年点亮一个新技能，也就是硬本领。今年我要修炼的硬本领是公益与慈善领域的，现已行走过 30 多个国家，这些都是按照我的计划与准备一步一步地向前推进完成的。

02

打造自我管理系统: 时间、效能、目标、精力管理

自我管理系统

阅读、交流、上课或会议以及行走产生的知识输入，是不能直接让你迅速增强自己的硬本领的，所学与实践往往还有很长的距离，那么这个距离，就是这一节要讲述的自我管理系统的相关内容。

自我管理系统也可以称为消化系统。我们可以举一个例子，大家都吃过钙片，同样是吃一粒钙片，每个人的消化吸收能力是不同的，有的人能吸收 60%，有的人只能吸收 10%，究竟差在哪里呢？其实，这是由大家不同的消化吸收能力决定的。你的自我管理系统，就是你消化知识和相关技能的处理器，如果这个处理器装备精良，高效运转，就可以越来越顺，帮助你把输入的相关知识和技能都转化为生产力，即能力和财富。

但很多人从来没有重视过自我管理系统，或者是不重视自我管理系统的更新和维护，那么他每年花费再多的钱去上课、阅读、交流或者是行走，也无法将所学到的知识和相关技能转化为实际的劳动价值，其实是白白浪费了时间。

学习一切知识的前提是，要了解自我管理系统究竟是怎样的，掌握

升级这种自我管理系统的方法，努力不断地升级。这是人和人之间的重要差别，也是"人生效率手册"课最核心的价值所在。

自我管理系统包含方方面面，由数万个相关的部分组成，今天我要讲述的，只是其中最核心的四个方面。这四个方面要求大家一定要统一协调地掌握起来，而且需要不断地去回顾学习，因为我们的自我管理系统，是一个需要持续迭代更新的系统，而不是一旦学会就可以一劳永逸的系统。

四大组成部分

自我管理系统，包括四个组成部分：第一是时间管理，第二是效能管理，也叫效率管理，第三是目标管理，第四是精力管理。

可能你会惊异地发现，我今天讲的这些知识点，在前面的章节中都已经反复地讲述过了，没错，知识点就是要不断地与其他的知识点重新组合，才能在实践中发挥功效，而不是孤立地单独存在。就好比化合物碳酸钙，是由钙离子和碳酸根离子结合在一起的，不同的微粒组合在一起，形成全新的物质结构。

●第一，时间管理

在前面的章节，我们讲述了时间管理的三大误区、三大法则和四大方法，如果我现在讲的知识点，你无法跟得上，或者没有在脑中产生相关的知识图谱，那就证明你没有完全掌握这些知识点，需要你回过头去复习。

要掌握时间管理能力，需要你去训练自己，对应的工具，就是效率手册和总结笔记，这两项是训练你时间管理能力与单点突破法的重要工具。

●第二，效能管理
散见于前文各节，请回头翻阅。

●第三，目标管理
目标管理包括两个部分，第一就是设立目标，第二就是分解目标。在生活和工作中，你不仅要给自己定一个目标，还要学会分解目标，以便于真正能够实践。七个人物法，就是帮我们设定目标的重要方法，并帮助你找到能够实现目标的硬本领。此外，我还讲述了如何修炼硬本领，讲术了目标法和量化目标法，以及在效率手册中每天、每周、每月，如何去做目标的设定与目标的分解。

●第四，精力管理
精力，是一个复合概念，它包括四个部分：体能、情绪、思维和意志。精力管理就是通过主动调整自己，让自己的精力可控，让精力为我们服务。充沛的精力能确保我们持续保持高效率的状态。在我看来，精力管理是时间管理和效率管理的前提。如果把我们自己比喻为电池，那么精力就相当于电池的能量，能量有输入和输出。我们每天看似在不断地输出能量，实则也会输入能量。总结下来，这一出一进就是一种能量守恒。如果你也想了解我每天精力满满的秘密，为自己充电，可以参考我的第八本新书《精力管理手册》。

从广义上来说，"人生效率手册"这门课，解决的是你的输入以及处理系统的问题，具体来说，就是通过改善知识和技能的相关来源，以及自我管理系统，帮助你提升自己的实践能力、写作能力和演讲能力。

03
学会实践：构建你的输出系统

输出系统

上一节我讲述了自我管理系统，当输入完结以后，阅读、交流、上课或会议以及行走所产生的知识与技能，是不能让你直接迅速增强自己的硬本领的，需要自我管理系统帮助你去消化和吸收，然后你才能有效地输出。

今天我要介绍输出的三种形式，分别是：实践、写作及演讲。

严格意义上讲，写作以及演讲是一种实践方法，我们在"人生效率手册"体系课程当中，把它们作为输出的形式单独拿出来，是考虑到这三种形式的训练方法是有所不同的，每种形式训练的思路和发展节奏也是有所不同的。

相同点

●第一，既然都是实践，那么一定遵循着从量变发展到质变的规律

古语有云，不积跬步无以至千里，这就意味着，你不能希望一学习"人生效率手册"这门课，就能达到万事精通的效果，没有这样神奇的事情。

人都是有局限性的，硬本领的发展，也是有发展规律的。实践、写作、演讲的过程，是一个漫长的过程，不是一个一蹴而就的过程。

记得我刚开始写作的时候，并不是在第一本书。我有很多年记日记的习惯，每篇日记对我来说都是一个练笔的过程。我上大学的时候，发表过几十篇论文，写过几部小说，交过一些作家朋友，我还曾经为了认识我喜欢的作家，通过各种渠道找他，从北京飞去上海向对方请教。如今我能够每年出版一本书，完成相关的写作任务，是以我之前大量的积累为基础的，并不是一下子就拥有了写作能力。

● 第二，都要形成自我风格

我记得刚开始讲"时间管理"这门课程的时候，我就讲过，时间管理是具备人格属性的，一个人一个风格，实践也是如此。你做的项目、你写出的作品、你做的演讲，一定要有自己的特色，如果跟他人差不多，那么就不是你的实践，也没有什么意义。

但这就有一个悖论，就是你不可能一开始就建立属于你自己的风格，一切都要从模仿开始。在刚开始的学习中，大家不妨大量地模仿，通过模仿与相关的实践，慢慢地形成自己独特的风格。

● 第三，要拥有良好的心态

我一直认为，任何困难的背后，都蕴藏着一个同等程度甚至更大的惊喜。就像前段时间，我一直坚持着每隔一定周期在我的新浪微博上抽奖，大概有数千位伙伴已经从我的微博当中领取到奖品，奖品有Kindle、现金以及我们的产品，比方说效率手册、总结笔记、早起者咖啡，等等。我真心希望通过这样的抽奖活动，帮助我们的伙伴建立自己的18

个礼物周期。但是，就因为一个失误，一个伙伴没有马上收到他的奖品，他在没有跟我本人沟通的情况下，就把我们的微博举报了，微博的抽奖功能马上就不能启用了，甚至整个微博都面临着被封号的危险。要知道，2017 年这个新浪微博的账户已经运行了几年的时间，有 40 多万的粉丝，如果被封号了，真的非常不是滋味。当时我收到了数百封私信，都是在问我，为什么不能再抽奖了，大家真的很着急。抽奖活动是我跟伙伴们的一种承诺，是对他们每周拼搏和付出的一种奖励和肯定，但当时是清明节假期，微博官方无法立即回应，我真是百般焦急。

面对这样的情况，一般人肯定要恨死那个举报者了，我的很多伙伴也纷纷谴责那个人。但是我却觉得，我应该主动与他联络，解决他没有收到礼物的问题，同时跟几位相关负责人一起商议，我们在哪一个环节出了问题，才导致这个结果。通过这件事，我开始反思，我们出现这样的问题的本质原因是什么？

后来，一个自媒体的作者因为这件事采访了我，她认为我是一个非常理性的人，她还专门写了一篇文章来记录这件事，题目叫作《理性，是一个女人最高级的性感》。这篇文章收获了数百万人次的阅读量，我也因此而收获了更多的支持者。

通过这件事，我想说，创业的过程就是一个实践的过程，其中一定会发生各种不尽如人意的事，我们一定要学会调节情绪，理性认知，这是非常重要的，良好的心态是决定一切的先行条件。

不同点

谈完共性话题，接下来我们来谈谈个性话题。也就是说，写作、实践和演讲，到底有哪些不同。

●首先，三者的表现形式是不同的

写作产生的是文章，实践产生的是项目，这个项目是广义的概念，演讲产生的是演讲语。每种方式都需要专业的技能，都需要 10000 小时以上的专业训练。

●其次，三者的训练方法不同

项目的训练方式与文章的写作不同，同时与讲话说话的方式也不同。

●最后，三者所依托的工具和载体不同

写作除了要有写作的平台，还要有读者；演讲需要有《演讲笔记》、手卡，还要找到自己的听众；实践需要建立项目制的思维方式，我认为单点突破法以及具体项目的评估方式是可以帮助到你的。

总结

但我更想强调的是，看到相同点，建立共性的认知，才是摸清规律、掌握规律的具体方法。

至此，我已经讲述完"人生效率手册"体系课程的全部内容，即输入系统、自我管理系统以及输出系统你需要反复练习使用，方可掌握。